JN083720

社会保障論

Social Security Theory

岡 伸一〔著〕

学文社

はじめに

　本書は学生や一般の読者を対象として，はじめて「社会保障論」を学ぶ際の「手引き書（ハンドブック）」として作成するものである．一般に，社会保障論は範囲が広く，盛りだくさんで，難しく，敬遠されがちな講義である．このハンドブックは，できるだけ平易にわかりやすく，しかも内容は細かい情報を少なくし，重要なところに絞って紹介した．

　年間の講義を30週と想定し，毎回テーマごとに社会保障の学習を重ね，全体像を理解できるようにまとめた．前・後期のセミスター制の場合，前期は社会保障全般に共通する総論として本書1部と3部を15回で，後期は制度ごとに各論として2部を15回で進めるよう計画的に設計してある．

　社会保障論のテキストは，多く存在する．本書の特徴についてあらかじめ触れておきたい．第1に，本書は可能な限り国際基準を取り入れている．社会保障のテキストの多くは，ほとんど日本の社会保障の紹介である．日本に限らず，もともと国内政策の一環である社会保障論は，断りなくとも暗黙のうちに自国のことを想定して書かれている．このハンドブックでは，随時，海外の状況を遠慮なく挿入している．日本には存在しない社会保障制度も盛り込んでいる．国際基準に従いユニバーサルデザインを志向して，国際比較にも足を踏み入れた展開を読者に披露したい．

　第2に，社会保障関係のテキストの多くは，範囲が広いため多くの制度に関して細部にわたり多くの情報が盛り込まれていて消化不良になりやすいと思われる．細かな情報は知っていても，基本的な意味が理解されない場合もある．このハンドブックではメリハリをつけて，理解してもらいたい内容に絞って，あまり重要とは思えないような細部は割愛している．その意味では，本書は広く浅く解説した入門書であり，専門書への橋渡しの役割が与えられている．

　第3に，日本の読者には，より視野を広く，制度の背後にある価値観や哲学

も学んでもらいたいという思いから本書を執筆した．社会保障論は本来学術的であるし，奥の深い面白い学問のはずである．現行制度を正しく理解することは重要なことである．だが，制度の背後にある哲学や価値観こそ最初に学んでもらいたい．それこそ自由の学府である大学が探求すべき学問ではないだろうか．このハンドブックを，その契機にしていただきたい．

2003 年 4 月に初版を出してから約 20 年が経ち，今回，『新 社会保障ハンドブック』の第 3 版を出すことになった．3 年後に定年を迎える状況にあり，今回が最後の改定の機会となろう．たくさんの人に読んでいただいたことは，著者にとって最高の喜びである．責任の重さを再認識しながら，より良いテキストにしていきたいと思う．今回，これまでの経験をもとに大幅な改訂を行った．相変わらず社会保障は毎年改正が繰り返されてきた．細かい数値の変更も含め，修正を加えた．

最後に，拙い書物ではあるが，出版を快く認めていただき，毎回自ら親身に御世話していただいた学文社の田中千津子社長はじめ，学文社編集や営業の方々の長年にわたる御協力に改めて心から感謝の意を表したい．

2022 年 12 月

白金キャンパスにて　著　者

目　次

第1部 社会保障総論（基礎編）

　第1部の社会保障総論では，社会保障制度全般において共通する基本的な構造や理念などに関して一般的な理解を深めていく．現在の社会保障はますます多様化し，複雑化してきている．多様な制度は，それぞれ独自の特徴を併せもっている．たとえば，同じ社会保障制度とはいっても，医療保障制度と年金制度とではその内容がまったく異なっており，一緒に論じることはできない．

　しかし，多様な社会保障制度にも共通する部分もあり，相互に関連しあい，補完しあっている．そして，すべての社会保障制度が全体として市民生活をすべてのリスクから保護し，救済するように連携している．第1部で，社会保障の基本的な共通する部分を理解していただき，第2部で具体的な社会保障制度の内容に関する各論につなげていってほしい．そして，最後の第3部では，もう一度総論に戻って，社会保障全体に関する課題について広い視点から論じていきたい．

第1回 市民社会と社会保障

　普段，あまり「社会保障」には関心もなく，その存在にも気づかない人が少なくない．若い学生であれば，なおさらであろう．１年を通して一度も病院に行ったこともなく，健康保険証を提示することのない人も少なくない．医療保険に気づかないかもしれない．しかし，一般市民が生活する周辺のいたるところに，社会保障制度は深く入り込んでいる．まず，身の回りにある社会保障制度に気づいて，関心をもつことから始めてもらいたい．

1．ライフサイクルと社会保障

　社会保障は，すべての市民に係るものである．「オギャー」とこの世に生まれてから，天国に行くまで，人はいつも社会保障に対面している．「揺りかごから墓場まで」とは，児童手当から老齢年金までを意味するかと思われる．実際には，生まれる前の母性保護給付から死後の葬祭給付や遺族給付までカバーしているといえよう．このほかにも人生のいろいろな時点で，私たちは社会保障制度の適用をうけることがある．

　公務員，社会福祉士，社会保険労務士，他専門家や特別な人だけが，社会保障を理解していれば良いものではない．すべての市民が社会保障の恩恵に与っ

ている．いろいろな事態に遭遇した時に，どの社会保障制度が，どのように自分を救ってくれるか，常日頃から理解しておくべきであろう．それにより税金や社会保険料を負担する意義も理解を増すことになろう．

社会保障は申請主義に基づいて運営されている．当然に受給権が発生していても，本人が社会保障制度に無知であり，申請しなければ，なんら自動的に社会保障制度が届くわけではない．申請期限があり，知らずに期限を過ぎるともはや申請が認められなくなるのが日本の状況である．「知らないと損をする」といわれる所以である．逆に，欧州では権利保持の原則があり，一度認められた権利は終生有効である．

社会保障とのかかわりは出生以前から始まっている．母親が妊娠した時から母性保護のための社会保障制度がある．日本にはないような給付やサービスが欧州諸国では制度化されていることもたくさんある．出産費用も社会保障でカバーされる．

家族給付も国によって異なるが，幼児期から成人にいたるまで，子どもを扶養する世帯に手当が支給される．親が労働を休んで育児に従事する場合は，育児休業給付が支給される．育児休暇取得後の職場復帰のための職業訓練などのサービスを社会保障の一環として実施している国も多い．当然ながら育児休暇中の雇用は労働法によって保護されている．

教育期間中は，教育費を保障するために国によっては教育手当が準備されたり，教育がすべて無料化されたり，補助金により安く抑えられている国々もある．学費支援は社会保障の一環として運営されるものとは限らない．母子世帯には母子手当が準備されている．障害児であれば障害児手当や各種障害福祉サービスなどが施行されている．貧困世帯では，生活保護の一環として教育扶助がある．

生まれてから亡くなるまで，医療サービスは生涯にわたって適用される．税方式か社会保険方式か，あるいは，自由診療方式か国によって異なるが，先進国では多くの国々で医療費の全額あるいは特定部分は社会保障で保障されてい

る．いつ病気や怪我をしても医療サービスが提供される．また，長期入院のため休職するような場合は，無報酬の期間の一定程度の所得保障も提供される．

　学業を修了して就職すれば，自立した1人の社会人として各種社会保険制度の適用をうける．日本では20歳から国民年金が，就労時点から職域の年金 (民間サラリーマンの多くは厚生年金) が強制適用となる．社会保障とは別に企業年金も適用されることになる．

　また，就労と同時に，雇用保険や労働者災害補償保険も強制適用となる．長い労働生涯において，失業すれば失業給付が支給され，求職活動や職業訓練も支援される．職場で災害を被ったり，職業病になれば，労災補償が適用され，医療費は無料で労災給付が支給され，所得も保障される．労働者本人に加えて扶養家族全員の生活を社会保障が支えることになる．

　家計を担う父親が亡くなった場合，残された妻や子などの扶養家族には遺族給付や母子手当などの社会保障給付が適用される．父親が障害者となった場合は障害者給付が支給され，家族の生活が保護される．父親に限らず，家族が障害者となった場合でも，障害者給付や障害者福祉サービスの適用対象となる．

　退職を迎えると，今度は老齢年金の適用となる．期限なく終身で受給が認められる．高齢期に疾病になれば，高齢者医療保障が適用となる．高齢者医療保障は改革期にあるが，年金を所得源にする高齢者の負担は軽く設定されることに変わりはない．また，介護が必要な高齢者には介護保険が準備されている．これも国によって運営方法は異なるが，本人の負担は少なく生活支援サービスが提供される．そして，本人が亡くなれば，葬祭費用も社会保障で定額給付される．遺族にはその後も保障が続けられる．

　最後に，貧困というリスクもある．いろいろな理由が考えられるが，最終的に貧困に陥ることは多い．理由を問わず，生活困窮者には最低限の生活を保障する生活保護があり，人として生きていくことが可能である．

　このように概観しただけでも，現代市民は多様な社会保障制度に常に守られながら生涯を送ることになる．以上で言及したのは社会保障の一部の制度であ

るが，他にも多様な制度，給付，サービスが展開されている．もはや，この事実は覆しようがないし，変更不可能である．今あるどの社会保障制度であっても，なくなってしまったら人類は困難に陥ってしまう．財政難から負担増に不満を漏らす人は多いが，年金や健康保険，介護保険などを廃止すべきという人は誰もいない．

2．社会的リスク

市民は日常生活において，いろいろなリスクに遭遇している．事故，病気，自然災害，盗難，火災等々数限りない．これらの多様なリスクのうち多くは個人が民間保険などの制度によってリスクへの対応が可能である．しかし，個人の責任に負わせることが適さないようなリスクも存在する．

社会保障はすべての人の生活の不安定を除去するために，人が個人で対応しきれないさまざまな社会的なリスクに国全体が一体となって保障を準備するものである．ここで「社会的リスク」とは何かが問題となる．個人の怠慢や過失などによって陥ってしまうリスクではなく，また，個人レベルで対応することが不可能であるか，あるいは，個人的な対応では不十分で，国による対応が不可欠と思われるようなリスクを意味する．

たとえば，職場災害というリスクは個人の責任に帰するとは限らない．職場で組織的に作業を行っている際に，突発的に発生する不可避的な事故もある．もし，このようなリスクが個人責任のレベルに放置されていたならば，職場災害の犠牲者の多くは補償されない可能性が高くなる．労災補償がない時代には，事業主が使用者責任のもとで補償したであろう．しかし，その補償も不確かにならざるをえない．事業主に誠意があり，支払能力があることが補償実現の前提条件となる．災害が大きくて，使用者の補償能力を超える場合には，補償を求めようがない．国が労災補償を実施することが最善の保障である．

年金の場合をみてみよう．誰でも年老いる．誰でも貯蓄をして，老後に備え

ることは可能である．だが，老齢というリスクを個人責任に任せておけば，老後の保障を確保できない市民が多数出てしまうことは明らかである．長年貯蓄し準備してきた人でも，退職前の突然の事故や災害で貯蓄をすべて一瞬で失うこともある．

　誰でも，病気に陥ることがあろう．医療を個人のリスクとすれば，やはり自己責任で対応できない人が出てきて医療サービスをうけられない人が多数にのぼるであろう．国や自治体が設置主体としてすべての市民をカバーする医療保険を運営することが重要である．

　疾病，老齢，障害，遺族，家族，失業，業務災害，母性保護，貧困等々が重要な社会的リスクとされてきた．そのための対応策として，各種社会保障が制度化されてきた．このほかにも，住宅，教育，各種休暇なども多くの国々で重要視されている．介護も新しい社会的リスクとして認識されている．

3．社会保障の費用負担

　社会保障や社会福祉の議論は，その恩恵にあたる現金給付やサービスの側に集中する傾向にある．しかし，社会保障にも当然ながら支出と収入の2つの側面がある．市民は多様な社会保障制度の負担を強いられることになる．財源なきところに給付はない．給付があるところに必ず財源がある．社会保障制度をうける市民は，同時に応分の経済的負担を強制されている．

　まず，だれでも国内居住者であれば多かれ少なかれ税金を納めている．もちろん，税金は社会保障だけでなく多様なところに使われているが，高齢社会を迎え，ますます大きな部分が社会保障関係に配分されてきている．税にもいろいろある．企業も多額の税金を払っている．個人の場合，収入のある人であれば所得税を徴収され，消費量に応じて消費税が強制徴収される．社会保障の目的税を制度化している国もある．

　さらに，成人であれば各種社会保険の強制適用の対象となり，制度ごとに設

定された保険料を負担している．日本では，健康保険，年金，雇用保険，介護
保険の保険料が職域を基礎に，収入から徴収される．すべて合わせるとかなり
高い保険料の負担となる．サラリーマンの場合，これらの社会保険の保険料は
給与から自動的に徴収される．他方，正社員以外の雇用契約に基づき，職域の
社会保険の適用をうけない者は，個人で各種社会保険の手続きをする必要があ
る．

　近年，社会保障の財政難が深刻化し，国民負担も上昇の一途をたどっている．
日本でも消費税の引き上げが実施され，社会保障の財源に貢献している．年金
などの社会保障給付は物価スライドして長年にわたり引き上げられてきたが，
低経済成長時代で，少子高齢化が進行する現在では，マクロ経済スライド方式
によって実際には支給額が削減されつつある．医療保険や介護保険でも明らか
なように，受益者の自己負担額も引き上げられつつある．特に，高齢者関係の
社会保障制度が，財政難のため高齢者本人からの負担増を余儀なくされている．

4．「社会保障論」

　「社会保障論」の講義は，いろいろな学部に登場する．典型的には経済学部
や社会学部におかれていた．法学部には，「社会保障法」という講義がある．
政治学系の学部・学科にも，「社会保障論」の名称でなくとも「福祉国家論」
とか，これに類する名称で開講している大学も少なくない．人文系の学部でも
「社会保障論」が設置されていることもある．

　国際的にみても，社会保障論の位置づけは多様である．アメリカやイギリス
では，経済学的な研究が主流であろう．社会保障とは，所得再分配の役割を担
い，お金の問題であるとする．欧州大陸諸国，フランスやドイツなどでは，社
会保障論は典型的に法学部の講義が中心である．社会保障とは人権の問題から
始められる．北欧では，逆に法学者は稀で，社会学の分野が多いように思われ
る．社会階層の分析や平等待遇の問題として扱われる．他に，行政学や政治学，

心理学なども社会保障論を扱うことがあろう.

　社会保障の講義がいろいろな学部で開かれ, 多くの学生や市民が社会保障を学ぶ機会が増えることは歓迎すべきことである. さらに, 多様な学問領域から社会保障の研究が進められることも, 社会保障そのものの発展につながる. 多様な学問のアプローチは相互に交流すべきであろう. 特定の学問の特定の方法論に固執すると現実から離れてしまう可能性もある. 社会福祉学では個人の事例を分析することが多いのに対して, 経済学では国民経済の議論を好む. 社会福祉学では福祉対象者の心の理解を強調するが, 経済学では財政を強調する. 法学者は法文解釈に集中する.

　経済学の一部門としての社会保障論, 法学の一部門である社会保障法, 社会福祉学の一部門としての社会保障論ではなく, 社会保障論を中心に据え, 社会保障論の分析の手段として経済学, 法学, 社会福祉学などが位置づけられるべきである. 社会保障論が主人公であり, 既存の学問はその分析手段に位置づけられるべきであろう.

　社会福祉学においては, 児童や高齢者, 障害者などの特定個人のケースを想定して必要な社会保障制度を考えることが多い. しかし, 社会保障はすべての国民や市民を対象としており, 社会全体の視点から社会保障を考察する必要性がある. また, 社会福祉学においては, 社会サービスの受益側にフォーカスする傾向にあるが, 負担側の考察も社会保障論においてはより重要となる.

　受益には負担が前提となる. 受益の側面だけみるのは不十分である. 北欧は世界最高水準の福祉を実現している. しかし, 反面, 世界でもっとも高い税負担も強いられている. 高福祉と高負担は併せて理解しなければならない.

第2回 社会保障の理念

　社会保障とは何か，社会保障が何故生み出されたのか，その目的は何か，こうした問いへ答えるには社会保障の歴史からその設立経緯を丹念に紐解くしかない．ここでは，社会保障の基本的な理念に関して，重要と思われる論点を簡潔に触れたい．

1．「社会保障」の基本理念

宗教と社会保障

　社会保障が生まれ，発展してきた背景には，宗教に裏付けられた価値観が存在する．人類は多様な宗教を生み出した．それぞれの宗教は多かれ少なかれ，弱者救済の措置を伴っていたと思われる．何らかの理由で生命の危機に瀕した人は，神の御加護を祈るであろう．

　仏教においても，たとえば，お寺は福祉的な役割を果たしてきたと思われる．困ったことがある時は，お寺に駆け込んだといわれる．家がない者，食べるものがない者など，お寺は困った人に慈悲を恵んだ．家庭の事情により育てることのできない子どもを生んだ母親が，赤ちゃんをお寺に置いて去ることもあった．お寺で赤ちゃんを育ててもらえることを期待してのことであったと思われ

る.

　イスラム教や他の宗教でも同様に，宗教的な組織が一般市民の福祉の一翼を担っていたことは等しく認識されてきたことである．弱肉強食の自然界の摂理と異なり，人類は互いに助け合う精神を持ち合わせている．形は違っていても，共助の理念は等しく受け継がれている．多くの場合，宗教的な施設は社会福祉の実践現場となっていた．

キリスト教と社会保障

　社会保障は欧州で生まれて，欧州で発展してきた．欧州はほぼキリスト教社会である．キリスト教が社会保障の基本的価値観の基礎となったことは容易に想像できよう．世界中の先進諸国の多くはキリスト教を中心とした国々であり，いわゆる福祉先進諸国も，ほぼキリスト教国といって差し支えない．キリスト教の価値観が，福祉国家の発展に影響したと考えるのも自然の流れといえよう．

　2000年以上前に書かれた『聖書』には，社会保障に通じる記述が多い．イエス・キリストは，病人や障害者，貧困者，子ども，外国人など，社会的弱者を慈しみ，救済した．教会や修道院，その他キリスト教関係施設は，福祉的な役割も担ってきたし，今も担っている．

　政府や自治体は多様な福祉活動を行っているが，他方で民間団体もそれぞれの領域で貴重な福祉活動を展開している．その民間福祉団体のなかでも，キリスト教をはじめ宗教団体は重要な役割を担っている．政府レベルで限界のあるような国際的な福祉活動においても，キリスト教主義に根ざした活動を展開している団体，NPO や NGO は少なくない．

自由と平等

　社会保障の基本理念を考察する際にいつも問題にされるのが，自由と平等の理念である．人は皆，生まれながらにして平等であるといわれる．世界人権宣言にも同様の記述がある．人権の上では誰もが平等に扱われるという意味であ

るが，現実は違う．人は生まれながらにして，能力が違うし，家庭の経済力も違う．親のいないところで生まれ，病気や障害をもって生まれる子もいる．そんな子に，「あなたは自由です．自分の意思で自由に生活しなさい」といって，どうなるだろう．

　お金がなければ，教育もうけられない．良い仕事につけないし，給料は低くなる．生まれながら違う人生を与えられた人びとが自由に生きていけば，人生の最後には，より一層不平等な社会となるのは当然である．

　自由を追求すれば不平等になる．逆に，平等を確保すれば不自由な社会になりやすい．このことは国家体制として社会主義体制や資本主義体制が証明している．自由であるが貧富の差の大きいアメリカと平等であるが自由が制約された旧ソビエトが存在した．東西冷戦構造が続いていた時代に，両体制の「収斂化」が進行した．アメリカでは規制が加えられ，自由を多少制限しても社会問題を解決するような最低限の社会政策が主張された．他方，旧ソビエトでは平等原則を多少崩すことになるが，統制を緩和し市場主義化が進んだ．つまり，両極がお互いに歩み寄ったのである．

資本主義と社会主義

　それでは，社会保障は「自由と平等」にどのようにかかわるのか．まず，明らかにしておきたいことは，社会保障とは資本主義社会の体制内に構築された制度であるということである．自由を尊重するのが福祉国家の前提であろう．自由を保障する範囲内で可能な限り平等を追求していくのが社会保障といえよう．

　戦時中，日本でも社会主義者が弾圧された時代があった．社会保障や社会福祉は社会主義につながるものと理解される場合もあった．これは甚だしい誤解であった．資本主義はその自由な経済活動を前提としており，資本の利潤追求が結果として多くの社会問題を抱えることになる．この社会の矛盾を体制のなかで修正し，解決しているのが社会保障や社会福祉である．社会保障や社会福

14

祉などの制度がなかったならば，社会問題は一挙に拡大し，経済体制も維持しにくくなる．いずれは社会の所有関係への不満が爆発し，市民革命によって社会主義が達成されると説いたのが，レーニンなどの社会主義者であった．

　伝統的な理解では，社会主義は自由を制限し平等を追求した．社会主義においては，資本家は存在せず，国民はすべて等しく富の分配に与る．企業家も労働者も農民もほぼ同じ所得を手にすることになる．雇用機会も平等に計画的に配分され，失業者は存在しないこととされてきた．万人が平等な社会とは，理想的（空想的？）な社会とみなされた．ところが，次第に明らかになってきた社会主義の実態は，この理想が妄想であったことを証明した．資本家は不在であるが，経営者は存在する．労資関係はないが，労使関係は存在する．他方，官僚主義の弊害がいちじるしく，官僚が社会を支配し，富さえも独占することもあった．存在しないはずであった失業や貧困も実際には深刻な問題であり，市民の暴動すら起こっていた．

　他方，資本主義では自ら引き起こした社会問題を社会保障などの政策によって解決しようとするものであり，資本主義社会が追求している「自由」に対して，ある一定程度の修正を加え「平等」を挿入しようとするものである．一時期，修正資本主義とか社会改良主義とかいわれたのが，福祉国家路線であった．

「連帯」と社会保障

　欧州では，社会保障の理念に関してテキストの冒頭によく登場することばが，この「連帯」である．「連帯」の概念の意味するところは日本では，十分理解されていないように思える．欧州では「連帯」という言葉が頻繁にいろいろなところで使われている．社会主義政権時代の，ポーランドの労働組合の名称が「連帯」であった．リサイクルや寄付などを行う施設についても，「連帯センター」の名前が使われている．労働組合も消費者運動も各種宗教的な活動でも「連帯」を強調している．

　日本では社会保障に関しても損得勘定で考える場合が多いように思われるが，

欧米先進諸国では社会的「連帯」の概念が強調される．欧米は，伝統的な個人主義社会である．他人のことには関与せず，自分のことを優先する主張であろう．その欧米にあって社会保障が制度化されたのは，市民レベルでの「連帯」意識からであろう．貧しい者や病人が誰の助けもなく死んでいくような社会は，誰も望んでいない．誰も明日の自分がどのような境遇に遭うかわからない．今日はこちら側（豊かな人）にいるとしても，明日は向こう側（貧困者）にいるかもしれない．

　個人の力では限界もあり，目の前の貧困者を直接救済することはできないが，国家が社会全体で貧困者などを救済できるような制度をもつことをほとんどの市民は支持する．隣人を救うのは，明日の自分のためでもある．このことは，宗教とも密接に関係する．聖書を読むまでもなく，キリスト教の教会では「隣人を愛しなさい」と唱えており，実際に紀元前の時代から慈善活動が行われてきた．この流れは現代にも受け継がれている．個人ではできないことでも，皆で支えあっていくことで組織的に弱者を助けあっていくことが正に「連帯」の考え方であり，これを具体的に実践するのが社会保障となる．

2．社会保障の目的

社会保障は損か？　得か？

　日本人の間では，社会保障とは損か得かのそろばん勘定の対象となっていることが多い．書店に並ぶ社会保障関係の多くの書籍は，どうしたら損をしないか，得する方法を解説している．欧州では，このような趣旨から執筆された本をみた記憶がない．社会保障で得をしようと考えるのは，制度の本来の趣旨から逸脱する．

　損か得かは結果でしかない．いろいろなリスクがあり，結果としてたまたま受益が多かったため得してしまったとか，結果的には受益するべきリスクに至っておらずに損をしたと思われる場合もあろう．しかし，人間は本来将来が予

測できない．したがって，社会保障に加入して得するのか損するのか，最後に
なるまで誰にもわからないはずである．リスクに陥っていないすべての人びと
が，同じリスクを共有しているはずである．

　ここで損か得か，という議論をもう少し具体的に詰めてみたい．損か得かと
いうことは，支払保険料額に対して保険金受給額が多いか少ないかで判断され
るものであろう．しかし，全体では収支は均等化するはずである．誰かが払っ
たお金が誰かのところにいくのであり，平均では得も損もしないことになる．

　より具体的にいえば，実際には国庫補助が多額になり，保険料で支払った金
額よりは大多数の人は多額の保険給付をうけていることになる．だが，国庫も
実は市民の税金で成り立っているので，最終的には市民全体が負担し市民全体
がその恩恵に与ることになる．社会保障に関係する価値観においては，経済的
な損得の概念は希薄にならざるをえない．

　よく年金の議論と関連して損得がとりざたされる．たとえば，年金が退職を
要件とする退職年金の性格を有する場合，高齢で企業のトップに君臨するよう
な人の場合，年金を受給することができないまま亡くなっていくこともありえ
よう．これを大損であったと評価すべきであろうか．まだ，元気で労働の意欲
と能力の高い人が，年金で得するためといって早くに退職することは肯定的に
考えられるであろうか．こうした評価の背後には，人生観が入りこんでくる．

　医療で考えるとこの主張はより明確となる．医療保険についても，われわれ
は多額の負担を強いられている．だが，医療保険については，誰も損得をいわ
ない．もし，医療保険を通じて得をしたいのなら，たくさん病気や怪我をして，
医療給付をたくさんうけながら，傷病手当金もたくさん頂くことになろう．で
も，実際には，こんな行動に出る人など誰もいない．多額の保険料を払いつつ，
何年も病院の世話になったことがない人はむしろ幸福と賞賛されるのであり，
誰も損失者とは評さないではないか．

最低生活の保障

　人類の歴史を振り返ると，いつの時代にも貧困が存在していた．現在の世界でもっとも豊かなアメリカであってもホームレスがたくさんいる．どの時代にでも，豊かな人と貧困者が共存してきた．そして，古い時代から，国家は貧民を放置せず，何らかの手段によって救済しようと試みた．昔は貧困者の救済は偶然の個人的な施しであった．今では，貧困者は国家によって社会的に救済される．

　社会保障の目的のひとつは，すべての市民の最低生活（ナショナル・ミニマム）を国家が保障することである．すべての人が，人間として最低限度の生活をおくる権利が認められるのが現代国家であり，その責任は政府が担うことになった．

　憲法によってすべての市民が人として基本的な人権を認められ，人として最低限度の生活を送る権利を有する．その理念を実際に政府が生活保護制度や他の社会保障制度をもって実現していくものである．

喪失所得の保障

　もうひとつの社会保障の目的は，喪失所得の保障である．さまざまな社会的リスクに陥ると等しく所得を喪失する結果になる．そのため各種所得保障制度が準備されている．これらの所得保障制度は，すべて何らかの理由で所得を喪失した際に喪失した所得を代わりに提供する現金給付を伴っている．これらの給付制度がなかったら，リスクに陥った人は即座に困窮状態になってしまう．市民にとっては，社会保障は生活の安定を支えている重要な制度となる．

　最低所得保障と喪失所得保障を行うことで，社会保障はすべての市民を対象に生活を保障することになる．結果的には，富める者から貧しい者へ，健康な者から病人へ，若者から高齢者へ，所得の再分配が行われる．別の表現を使えば，格差を修正し社会的により平等な社会の創造に貢献しているものが，社会保障といえよう．

第3回　社会保障の歴史

　社会保障は何故生み出されたのだろう．誰が，社会保障を考え出したのだろう．社会保障はいつ成立したのだろう．多くの疑問に，歴史が答えてくれる．

何故，歴史が必要か？

　特に若い人のなかには，新しいことに魅力を感じて，何故，古いことを勉強しなければいけないのか，という疑問をもっている人も少なくないと思われる．ところが，新しいことばかりやっていても，いつか，どこかで，壁にぶち当たる．方向性を見失った時に，将来を示してくれるヒントは，実は過去にある場合が多い．将来を研究するために過去が学ばれなければならないこともある．社会保障という新しい学問においても，この意味が有効である．

　制度改革が議論される時，何が問題なのか，どうして問題になったのか，何故，そんな問題が起こったのか，いつ問題が生じたのか，その問題を改めるにはどうしたら良いのか．答えは歴史のなかに埋もれている場合もある．

　「社会保障の歴史」を論じる際に，「社会保障」の定義が問題となる．社会保障をどう定義するかによってその歴史も変わってくる．社会保障を構成する要素をどう捉えるかによって，その歴史評価も変わってくる．たとえば，社会保障を国の行う制度に限定するならば，やはり近代国家の誕生を待たねばならな

いが，特定の慈善団体や地域の福祉活動を社会保障の起源と想定すれば，時代は古代に遡るかもしれない．ここでは通説にこだわらず，社会保障の歴史を広い視野から論じたい．

1．社会保障の誕生

慈善事業から友愛組合へ

　社会保障には多様な制度があるが，歴史上もっとも早くに登場したのは貧民の救済であった．まず，主体が誰であるか，どのように事業が展開されたかが重要になる．貧民の救済活動は，古代にもその先駆的な制度が記録に残されている．ハムラビ法典にも，貧困者への施しに関する条文が記述されていたといわれている．キリスト教の聖書においても，貧民や病人などへの救済が明示されている．日本でも鎌倉時代には地方の篤志家が貧困者への援助を行っていたとの記述がある．

　慈善事業は，主として宗教的な活動の一環として教会や宗教関係団体が特定地域において行ってきた．孤児や貧困者などのための収容施設を設立したり，高齢者介護の援助事業を行ったり，貧困家庭への援助をしたり，多様な事業が展開されてきた．各種ボランティア活動の高揚も慈善事業を盛りあげる要因となった．17世紀のイギリスでは，労働者や農民の相互扶助組織として友愛組合が発展し，保険共済が行われた．

　こうした歴史的な事実は至るところにみられるが，問題は誰が（主体），どの程度の地理的，時間的範囲で，事業を運営していたかという点であろう．つまり，ひとつの地方の施策であったり，ごく短い時期に行われたことは歴史的には高く評価されないのが一般的である．やはり，全国的に長期間にわたって，安定して施行されたものでないと，歴史上の地位を確固とすることはできない．

エリザベス救貧法

　社会保障を一般的な理解に基づいて，政府が全国レベルに施行する制度と想定すると，社会保障とは非常に歴史の浅いものとなる．多くのテキストでは，社会保障の歴史は1601年のイギリスのエリザベス一世当時に制定された救貧法（Poor Law）から始められている．イギリスが「福祉国家の母国」であるといわれるのはこのためであろう．エリザベス救貧法は，それ以前に制定されたいくつかの関連法を総括したものであった．教区ごとに地域の貧民監督官を任命し，教区から救貧税を徴収し，救貧事業を行うことを規定した．

　だが，中世の救貧法は労役場で労働能力のある者を強制労働させることを規定していた．労働に従事せずに貧困で怠惰な民は犯罪者のごとく扱われ，刑罰的な処遇が施された．地域に隔離された救貧院は「恐怖の館」と呼称され恐れられていた．人道主義に基づいた貧民救済の意味から逸脱していたように思われる．この救貧法を，社会保障の起源と解釈して良いのか疑問も残る．

　何故，1601年の救貧法が重要視されたのか．それは，国家が介入してきたためであろう．一部の篤志家，地方都市の統治者，宗教団体のような特定団体が限られた範疇で行ってきた活動は，社会保障とは区別されるものである．社会保障とは，中央政府が行うものであり，全国的に施行する施策でなければならない．したがって，いち早く中央集権的な国家体制を構築したイギリスが社会保障においても評価されることになる．

　救貧法は1834年に大改正され新救貧法とよばれ，それまでの法律が旧救貧法とされ区別された．新救貧法では，貧民の処遇が一元化され，関連行政組織も中央集権化された．また，労働能力がありながら救済対象となる者への補助の程度は，一般の労働者の最低所得以下でなければならないという被保護者処遇の低位性がこの時打ち出された．

22

2．工場法から社会保険の導入へ

産業革命と労働者保護立法

　中世以降の歴史に新しい環境をもたらしたのは，産業革命である．産業革命は1760年頃から1830年頃までの間にイギリスで起こり，オランダ，フランス，ドイツに飛び火し，アメリカに続いていった．人口が地方から都市部に集中するようになった．産業の中心が農林漁業から工業に移行しつつあった．農村にいた農民が，都市部の賃金労働者となっていった．賃金をもらって生活する労働者階級が都市に形成された．農民が賃金労働者になることで，失業や職場災害，老齢，遺族などの新たな社会的なリスクが出現することになった．貧民だけでなく，全国民を対象とする保護が必要となっていった．

　賃金労働者は資本家による搾取に対抗して，労働時間や休暇，賃金などの労働条件に関して，労働者の権利保護を求め資本家と争った．長年の闘争の結果，工場法を獲得した．現在の労働基準法である．労働者保護の動きは職場の労働条件の改善に留まらず，社会保障の導入・整備に至ったのであった．労働組合は，次第に労働者の生活を保障するための社会保障制度を要求していった．

工場法の制定と労働運動

　イギリスの労働組合運動には伝統がある．1819年に紡績工場法が成立した．9歳以下の児童労働者の雇用が禁止され，18歳未満の年少者の労働時間が週12時間以内に制限された．現在の労働基準法の先駆けがこの工場法であり，この法律は労働運動の高揚と並行して労働者の保護立法の制定に大いに貢献した．社会保障もこの影響を大きくうけた．

　1833年には工場法が適用対象を拡大し，すべての産業にも適用された．内容も労働時間だけでなく，他の労働条件に関しても広く盛り込まれ，その後も発展を続けた．労働組合は職場の労働条件だけでなく，労働者の生活を脅かすさまざまな社会的リスクへ対応する制度を要求する闘争も組み入れていった．

こうして，労働者保護の一環として，社会保障制度の整備も進められてきた．

ビスマルク社会保険

　社会保障の歴史で次に重要視されるのは，19世紀末のドイツにおけるビスマルクが創設した社会保険である．鉄血宰相として有名なビスマルクは，国民に対して「アメとムチ」の政策をとった．「ムチ」とは，治安維持法や社会主義者鎮圧法のように政府に対抗するような勢力を厳しく弾圧し，処罰し，取り締まり，思想統制をはかるものであった．他方，「アメ」にあたる政策が，社会保険制度の創設などの労働者保護政策であった．1883年の疾病保険に始まり，災害保険，養老・障害保険を数年のうちに立て続けに導入していった．

　ビスマルクの社会保険の創設は，他の欧州諸国に当時大きな衝撃を与えた．社会保険の導入は欧州大陸諸国に即座に波及し，19世紀末から20世紀初めに順次導入が実現されていった．しかし，イギリスはドイツの社会保険を「官僚主義と国家主義と全体主義の産物」とみなし，自由主義体制を標榜するイギリスには不要として嘲笑していたといわれる．医療保険は欧州大陸諸国では高く評価され短期間で定着していった．イギリスは1911年の国民保険法でようやく社会保険制度を確立した．つまり，社会保障の中核である社会保険については，イギリスは欧州ではもっとも導入が遅れた国のひとつとみなされている．

3．社会保障体制の確立

アメリカ社会保障法

　社会保障の歴史のなかで必ず引用されるのが，1935年制定のアメリカ社会保障法である．「社会保障」という言葉が世界でもっとも早く使われたといわれている．1929年に起こった世界恐慌への対応として，アメリカのルーズベルト大統領はニューディール政策を推進した．この政策は，ケインズ経済学の実験の場でもあったといわれている．世界恐慌のもとで有効需要を政府が創出

するための施策である．公共事業の実施やその他の施策のひとつに社会保障も
含まれていた．つまり，失業者や貧民などの社会的弱者に社会保障給付を提供
すると，即座に消費活動を刺激し，有効需要が喚起されるというものであった．
公共事業とはまったく違う政策であるが，等しく有効需要の創出に貢献すると
予想された．

　アメリカでは，社会保険と公的扶助を一体化させて「社会保障」という表現
を使用したといわれる．この理解は，日本を含め多くの国々でも参考にされて
いる．しかし，実際には，アメリカの社会保障の内容は先進諸国のなかでは決
して先進のものばかりではなく，不備な分野も少なくない．たとえば，全市民
を対象とする包括的な医療保障が未だに制度化されていない．

ベヴァリッジ・リポート

　第二次世界大戦中の 1942 年，イギリスでは戦後社会の構想を練っていた．
平和で民主的な国家を世界的に構築していくために，チャーチル指導下で福祉
国家の建設を目指したベヴァリッジ・リポートが作成された．戦勝国側による
戦後体制の一環として，このベヴァリッジ・リポートは各国の戦後改革のひと
つの模範的なモデルとして参照されることが期待された．

　ベヴァリッジはビスマルクと異なる社会保障のモデルを提案した．社会保障
の適用を地域主義で行う方法を採用した．居住する地域の行政において社会保
障の適用をうける方法である．また，定額拠出・定額給付の全市民への適用を
主張した．すべての市民が同じ金額の保険料を払い，リスクに陥った時は皆同
じ金額の給付を受け取る制度であった．結局は，すべての市民が負担できるよ
うな低い額の社会保険制度が普及していった．

戦後改革と社会保障の体系化

　第二次世界大戦後は，戦勝国でも大きな社会改革が続けられた．敗戦国にお
いては，二度と戦争を起こさないように平和で民主的な社会を創造するために

抜本的な改革が行われた．福祉国家の建設もこの脈絡のなかで構想されていた．各国とも戦争の混乱から脱出して，国民の生活を立て直し，平和で民主的な社会を構築するために，社会保障の確立に励んでいった．多くの国々では，戦争直後に社会保障が体系的に構築された．混乱のあとに続いた経済成長期は，その社会保障体系を整備する時期となった．

　日本でも，財閥の解体から教育改革，労働改革，農地改革等々，さまざまな戦後改革が展開されていった．そのうちの一環として，市民生活の保護を重視した社会保障の導入が掲げられた．ほとんどの現行社会保障制度は第二次世界大戦後に再編，導入されたものであった．

4．歴史を通じての論点

社会運動の影響

　世界の歴史を通じて，社会運動が社会保障に及ぼした影響は決定的に大きい．社会運動には，多様な運動が含まれる．労働運動，市民運動，宗教運動，政治運動，消費者運動，フェミニズム運動，セツルメント運動など，国によって，地域によって，時代によって，多様な社会運動が展開されてきた．こうした社会運動の高揚は，社会保障を含めた社会制度にいろいろな形で反映されていった．

　労働組合は労働者の権利を要求して運動を展開したが，社会保障制度も主要な要求項目であった．賃金や労働時間などの労働条件と並んで，社会保障制度の権利が主張された．労働運動の成果として政府が社会保障を整備してきた．労働組合は選挙を通じてその代表を政治に送り込み，社会保障の制度化を進めた．

　実際に，北欧をはじめ社会保障の進んでいる国々は強力な労働組合を抱える国が多い．逆に，労働組合が貧弱な国々では，社会保障の推進役が不在で，社会保障の制度化が遅れる場合が多い．多くのアジア諸国もこの事例に合致する．

戦時の制度化

　ひとつの歴史的事実がある．社会保障は戦時期に一挙に制度化が進展することである．もちろん，平時における制度化もたくさんある．だが，戦前・戦中に急激な制度化の過程を経たことは，単なる偶然ではないであろう．国家間の戦争が展開されていた真最中に，その裏で社会保障は密かに導入されてきた．

　フランスでは 17 世紀の戦乱のルイ王朝時代の財務大臣トンチンが最初のユニークな年金制度を実現させた．ビスマルクが社会保険を創設したのも 19 世紀末の戦乱の世であった．ビスマルク自身も戦時における名将として有名である．第一次世界大戦前後，そして，第二次世界大戦前後の時期は現行の社会保障制度が各国でもっとも進展した時期でもあった．

　日本も例外ではない．1922 年の大戦間期に最初の社会保険に当たる健康保険法が制定され，1927 年より施行された．第二次世界大戦中も社会保険関係の法律が制定された．1938 年には国民健康保険法，1939 年に職員健康保険法が制定され，1942 年，43 年，44 年に健康保険法が改正された．1941 年に労働者年金保険法が成立し，1944 年に厚生年金保険と改められた．

　軍事政権が戦時中に社会保障の制度化を進めた背景には，国民の生活のためといいながらも，実際には戦費調達手段となっていたことが想像される．実際に，戦争に勝っても負けても，戦後は高率のインフレに見舞われて戦前・戦中の約束などほとんど意味を失ってしまった．社会保障は，安易なお金集めの手段であったかもしれない．

第4回 社会保障の基本構造

社会保障とは何か，どのようなものが社会保障の構成要素をなすのか．社会保障はどのような人に適用されるのか．社会保障の財政として，どのくらい負担して，どのように給付されるのか．多くの選択肢がある．ここでは社会保障の基本的な構造について論じていく．

1. 社会保障の定義

社会保障の定義は一様ではない．各国が「社会保障」という名のもとで運営している制度をみてみると，その内容はかなり異なる．広く一般的な考え方に従えば，「社会保障」はかなり広い概念であり，各種社会保険を中心に，公的扶助，各種社会福祉，さらに公衆衛生や住宅政策，雇用政策などの関連公共政策を含むものである．

社会保障の中心的な部分をなす社会保険は，多くの国々で社会保障全予算の最大規模を占める．その構成要素としては，医療保険，老齢年金，障害給付，遺族給付，失業保険，労災保険，家族給付，介護保険などがある．国によっては，これらのほかにも特定の社会保険を制度化している．教育手当や住宅手当，休暇手当，育児手当，母性保護給付などがあろう．

　社会保険は国や自治体などが保険者となり，強制適用の市民から保険料を徴収し，保険給付を支給する保険制度である．ただ，民間保険と違うのは財源に部分的に税金が含まれることであり，純粋な保険制度とは異なり，その分福祉的な運用が容認されることになる．

　他方，税金を財源とした公的扶助や社会福祉制度がある．市民の最低生活を保障するのが公的扶助であり，日本では生活保護がこの制度に該当する．社会福祉には多様な領域がある．先進諸国では主に児童福祉，高齢者福祉，障害者福祉などの領域に分けられる．開発途上国においては，生活基盤自体が不安定であり，その他の多様な領域も社会福祉の対象に含まれることになる．

　社会保障は，通常，法律に基づいて成立し，全国に統一的に施行されることが前提となる．ひとつの自治体が単独で施行している制度は社会保障とみなしにくい．ただし，国の法律でガイドラインや枠組みを規定し，その範囲内で自治体が一定程度の裁量権を認められながら運営する制度は社会保障とみなせよう．

2．ビスマルクとベヴァリッジ

　社会保障の歴史に登場したビスマルクとベヴァリッジであるが，単に歴史的人物というだけでなく，現在の社会保障の理論にとっても非常に重要な存在となっている．社会保障がどうあるべきか，その対照的な2つの考え方が今でも実践されている．

ビスマルクモデル

　まず，鉄血宰相ビスマルクが世界ではじめて創設した社会保険は，現在でも社会保障のひとつの中核的なモデルを形成している．その基本的な特徴をここに示したい．

職域主義

　ビスマルクが社会保険を導入した19世紀のドイツは，イギリスに遅れて産業革命を遂行し，経済活動が一挙に活発化してきた時期であった．工業化の過程にあって，彼の社会政策は労働政策を意味していた．つまり，職場を中心に労働者をさまざまなリスクから保護することを目的として，社会保険が創設された．

　ビスマルク社会保険制度の適用対象は，賃金労働者であった．農民や商人などの自営業者は，当面は政策の対象には含まれなかった．その後の展開では，社会保険が市民一般に普及していくが，その際も職域レベルでの普及であった．国によって状況は異なるが，一般的には，自営業者には自営業者専用の社会保険が導入され，公務員には公務員用の社会保険が導入され，また，国によっては農民などのための社会保険のように，それぞれの職域での社会保険制度が普及していった．

所得比例制

　社会保険の保険料や保険給付はいくらになるのか．この問題は社会保障にとっては重要な要素であるが，ビスマルクはここでもはっきりとしたひとつの考え方を示している．所得に応じて特定比率の保険料を徴収し，給付に関しても所得に応じて特定比率で支給額が決められる方法である．所得が高くなるほど高額の保険料を負担し，給付も高額受給するものである．こうした考え方が，ドイツでは広く支持された．

　具体的に示そう．年金，医療，失業保険などの保険料率が仮に10％とする．給与所得が20万円の人は10％にあたる2万円が社会保険料となる．給与が30万円であれば3万円，給与が40万円であれば4万円の保険料となる．他方，保険給付の額に関しても，たとえば年金の支給率が所得の60％とすれば，20万円の所得であった者には12万円，30万円の所得者には18万円，40万円では24万円の年金額が支給される．負担も給付も所得に応じて比例的に決定さ

れることがドイツの方法であった.

　ただし，ここで注意することは，所得比例とはいっても上限と下限が設定されていることである．下限に関しては，通常の雇用であれば最低賃金制度が適用されるので，それ以下の報酬はなくなる．また，僅少労働であれば，通常の雇用と区別され，社会保障も適用されない場合も考えられる．また，所得上限を設けるということは，その上限額を超える所得者の所得が一律上限額となり，保険料も上限額の徴収となり，給付にも支給上限が付されることになる．上限額以上の高額所得者にとっては，比較的軽い負担となる.

ベヴァリッジモデル

　イギリスの官僚ベヴァリッジが，チャーチル首相の命令に応じて作成した英国社会保障の考え方を示したモデルである．ベヴァリッジモデルでは，適用は地域主義に基づき，保険料や保険給付は定額制を採用している.

地域主義

　社会保障制度の適用に関しては，ベヴァリッジは地域に基づいた適用を想定した．つまり，雇用とはかかわりなく，各人が居住する地域レベルで住民を包括的に社会保障に組み込んでいくやり方である．職場をもたない人でも地域には属するはずであり，地域主義の方がより包括的であると考えられる.

　職域主義の社会保障でカバーできなかった階層もあり，地域主義ではすべての居住者を取り込むことを目指した．日本では，当初，職域で社会保険が普及していき，職域でカバーできなかった階層を一括して，国民年金や国民健康保険で地域レベルの社会保障に組み込んだ．こうして国民皆保険が達成された.

　地域（コミュニティー）での社会保障を考えると，行政組織が非常に重要になってくる．全国の各地域が地域住民を完全に掌握し管理していることが前提となる．国によって多様な特性をもった地域を抱える場合があり，中央集権的な中央政府の強いイニシアティブのもとで統制されていなければ，末端の地域ま

で全国レベルで社会保障政策を展開することは難しくなる.

定額制

　ベヴァリッジモデルは社会保険の設計にあたって,定額制を主張した.つまり,すべての適用対象者が同じ定額の保険料を払い,給付をうける際にもすべての受給者が同じ額の給付をうけるというやり方である.日本における国民年金がこのベヴァリッジ方式を採用している.

　イギリスでは,このようにすべての人が同じ負担をして,すべての人が同じ金額をもらえる定額主義がより平等と考えられ,受け入れられてきた.一見,合理的で合意を得やすい考えが定額主義と思われる.しかし,すべての人が負担できる額というのは,当然ながら結果的には低額とならざるをえない.したがって,給付も非常に控えめな低い金額とならざるをえない.実際に,ベヴァリッジモデルでは,最低限の保障を社会保険で提供しようとしている.

3. 社会保障モデル

　福祉国家モデルについては,伝統的には地域別モデルとして議論されてきた.やはり,地理的に隣接する国々では類似する社会保障モデルを採用することが多いものと考えられる.スウェーデン,デンマーク,ノルウェー,フィンランドなどの北欧諸国は非常に先進の特徴的な社会保障を運営している.欧州大陸諸国も多くが,ドイツの影響をうけて類似の社会保障を採用している.このように地理的地域別の分類が主張されてきた.

大陸型モデル

　ビスマルクモデルが採用されたのは欧州の大陸諸国であった.ビスマルク社会保険の導入以来,周辺の欧州大陸諸国では急速に同様の社会保険の制度化が相次いだ.フランス,イタリア,スペインなどのほか東ヨーロッパ諸国までも

がビスマルクモデルに従っていった．日本も戦後はアメリカ占領軍の影響下で
ベヴァリッジ・リポートを参考にしていたが，実際に制度化されたのはビスマ
ルクモデルに近いと総括できる内容であった．

　職域を基本として普及し，社会保険主義が強い性格を有している．社会保障
給付は原則として所得比例主義を採用しており，リスクに陥る前の所得の特定
の所得代替率に相当する給付が提供される．導入可能性の高い産業から順次社
会保障が制度化されていって，特定期間後にはすべての産業で一般化されるや
り方である．

北欧モデル

　ベヴァリッジモデルは，実はもはやイギリスでも採用されてはいないといわ
れている．もっともこのモデルに近いのはオランダであるともいわれている．
地域主義をとっている点では，北欧諸国がこの方法を広く採用している．社会
保険に依存せずに，税方式がより重要な役割を果たしているという意味でも，
ベヴァリッジモデルは北欧諸国に大きく影響を及ぼしているといえよう．

　税金を基本的な財源として，社会福祉や教育，医療サービスなどの無料化が
進められている．普遍主義を原則として，地域による偏在も抑えながら国の強
いイニシアティブのもとで管理されている．税をはじめ市民の経済的負担は高
いが，高度の福祉水準が提供される．大きな政府を実現するものであり，学校
も医療も福祉も公立中心で無料かそれに近い状況にあり，関連施設の職員は公
務員となる．

アメリカモデル

　国の社会保障への介入を最小限にとどめ，「小さな政府」を目指す．社会的
なリスクに対する対応も個人の自助努力が基本であり，政府は最低限の保障の
み運営する．個人に限らず，企業やNPOなどの民間組織の活動を奨励し，社
会保障への依存を回避することが探究されている．

　アメリカでは，すべての市民を対象とする医療保障制度が存在しなかった．その代わり，アメリカ市民の約8割は民間の健康保険に加入していた．社会保障によらず，民間活力を利用したリスクシェアがはかられている．

収斂化

　ビスマルクモデルとベヴァリッジモデルは，実際には混合された形で現在の各国の社会保障制度のなかに取り込まれている．イギリスでは，定額給付の上に所得比例給付を上乗せするかたちでビスマルクモデルを援用していった．ドイツは，逆に所得比例給付の一部を定額給付に代用していく形で実質的には両給付モデルを組み合わせている．つまり，2つの対照的なモデルは双方が他方を導入する形で収斂化が展開されていった．

　日本の年金制度をみても，国民年金は地域加入を基本に定額で設定されており典型的なベヴァリッジモデルの援用である．ところが，職域を基本とする厚生年金は，所得比例に基づいて定率の保険料が設定されており，ビスマルク主義を採用している．したがって，日本の事例でも2つのモデルが融合されている．

　現在では，社会保障制度は複雑化し，多様化してきている．たとえば，年金の場合でも基礎年金，公的な職域年金，企業年金，個人年金などのように三階建て，あるいは，四階建ての構造になっている．その用途に応じて，ビスマルクモデルとベヴァリッジモデルを使い分けている．こうして社会保障制度の発展とともに，2つのモデルは次第に収斂化していったのである．

4．福祉国家レジーム論

　福祉国家モデルに関して，新たな尺度で分類したのが，デンマークのエスピン゠アンデルセン教授である．市場，家族，国家の3つの要素を基に，福祉国家を3つのレジームに分類した．そこで評価の対象となるのは，一定水準の所

得を維持することが可能か（参加支援指標），職位や社会階層による格差はどの
程度か（平等化指標），家族の福祉の負担がどれほど軽減されるか（家族支援指標）
の３つの指標となる.

　まず，自由主義レジームは，アメリカ，カナダ，オーストラリア等が該当し，
小さな国家を目指し，リスクに対しては個人責任を重視し，市場での問題解決
を重視する. 社会保障は必要最小限にとどめ，社会保障支出は低く抑えられる.
社会保障が不足する部分を補うために民間保険や民間サービスが活用される.
社会保障は，貧困層の家庭への一時的な扶助等に限定され，家族への支援も少
ない. 従って，参加支援指標は低く，平等化指標も低く，家族支援指標も低く
なる.

　第２の福祉国家レジームは，北欧諸国を典型とする社会民主主義レジームで
ある. ここでは普遍主義が優先され，市民は差別なく誰もが平等に社会保障の
恩恵にあずかれる. 家族や市場が果たす役割は小さくなる. 教育，医療，福祉
等が，基本的に無償で，平等に適用される. 社会保障の支給水準は一般に高く，
その分高負担となる. 従って，参加支援指標は高く，平等化指標も高く，家族
支援指標も高い.

　第３のレジームは，ドイツ，フランス，イタリア等欧州大陸諸国に典型的な
保守主義レジームである. 伝統的なカトリック主義的な家族主義，男女役割分
業等の意識が強く，社会保障においても職域主義に基づく格差が温存される.
社会保障は，家族や地域が対応できないときのために準備されている. 従って
参加支援指標は高いが，平等化指標は低く，家族支援指標も低くなる.

　こうした福祉国家モデルをめぐる議論は，何を評価基準にするかによって変
わってくる. また，こうして導かれた類型が福祉国家にとって実際にどのよう
な貢献をするのかが，問われている.

^第5_回 社会保障と経済

　社会保障を論じる際，経済の話抜きでは論じられない．社会保障には莫大な
お金が必要であり，社会保障の名のもとに巨額の富が動くからである．他方，
社会保障制度の運営自体が，大きな経済効果を及ぼす．社会保障の運営は経済
政策の一翼を担う．ここでは，社会保障を経済の側面から論じていく．

1．社会保障という経済制度

所得再分配のメカニズム

　社会保障とは，所得再分配のメカニズムに他ならない．社会保障は，高所得
者から低所得者への所得再分配を意味する．すべての市民が税金や保険料など
によって経済的な負担をし，社会的なリスクに陥った人びとに経済的な保障を
提供する経済制度である．現代社会では，社会保障関連の税金や社会保険料の
負担がますます多額になっている．すべての市民から強制的に財源を調達する
ものであり，その規模でいえば，最大の金融制度といっても過言ではない．公
的年金でいえば，各人の保険料は約40年間にわたり強制的に企業と労働者か
ら徴収され，一部はプールされ投資運用されるものである．その運用だけでも
大きな経済効果がある．

高福祉・高負担

　福祉先進国である北欧諸国を例にとれば，明らかな高負担・高福祉国家であ
る．租税と社会保障負担の合計を対国民所得比率で示す国民負担率では，2018
年の数値では，フランスが最高で68.3％となっている．稼いだ所得の約7割
近くが税金と保険料に消えていく．これ以外の国々では，イギリスが47.8％，
ドイツが54.9％，スウェーデンが58.8％，日本は44.3％でアメリカは31.8
％にとどまっている．

　高い福祉を実現するためには，当然ながら高い負担が必要になる．このこと
は，フランスでもっとも税や保険料の負担が高く，日本やアメリカで低いこと
でも示されている．その高い負担を主として税に依存するか，保険料に依存す
るかは，選択が分かれるところである．税と保険料では果たすべく経済効果が
かなり異なる．また，税でもどのような税制にするか，保険料でもどのような
保険料にするかによって経済的な効果が違ってくる．より累進性の強い所得税
が中心か，それとも定率の消費税を財源にするかなどで，各所得階層による負
担割合に影響することになる．保険料の設定でも，定額か定率か，受益に対応
するのか負担能力に対応するのかなどの選択肢により負担の在り方が異なる．

2．社会保障の歳入

社会保障の財源

　まず，社会保障の歳入の側面をみてみよう．社会保障の財源をどのように賄
っているかということである．大きく分けて，社会保障の財源は，税と社会保
険保険料の2つがある．その他にも，利子や配当，雑収入などがあるが，これ
らはすべて全体の財源からすればあまり影響力をもつものになっていない．

　どの社会保障制度を保険料と税のどちらの財源で賄うか，多様な議論がある．
一般的に，個人では対応できない範疇で，福祉的な原則に基づいて運営される
ような制度には，税金を投入することが多い．誰もが平等に受給できるような

普遍性のある制度運用をするためには，税金による財源調達が必要になる．負担と受益の関係性が問題になる．主に保険原則で対応できるような場合は，保険料を基礎にして運営される．そこでは，当然ながら保険料未納者は，受給権が認められないことになる．

公的負担

　公的負担とは主に税金を意味するが，国の負担だけでなく，県や市町村の負担もある．税金も国税と地方税に分かれている．所得税や法人税などの国税一般によって社会保障の大きな部分の財源が賄われている．社会保障制度のなかには地方自治体が設置主体となっている場合もあり，県民税や市町村民税ほか地方の税金から財源に割り当てられている部分も大きい．

　等しく税といっても，累進性のある所得税と，一律特定比率で課される消費税，特に資産のある人に課される相続税や固定資産税などでは，負担のあり方がいちじるしく異なる．所得再分配の効果も異なってくる．

　この他，日本にはまだ導入されていないが，特定の社会福祉や社会保障，医療などの財源にのみ提供される目的税も欧州などでは行われている．特に，消費税（間接税）の一部を目的税として活用する場合が多い．タバコやアルコールに対して社会保障の目的税が課せられる事例も多い．

社会保険拠出

　一般に，最大の社会保障の財源は拠出（保険料）である．社会保険制度においては，被保険者である労働者本人とその労働者を雇用する使用者が拠出を強制される．拠出割合は，ドイツや日本などでは労使折半主義を原則としている．ただし，一部の制度は完全な折半主義ではなくなっている．また，たとえば，労災や児童手当などのように労働者の負担がなく，すべて事業主のみの負担となっている制度もある．

　欧州では，多くの国において拠出割合が労使で異なっている．使用者の方が

かなり高率の負担を強いられる国が多い．労働条件と同様に，社会保障の拠出割合は労使交渉における重要な交渉事項になっている．近年，保険料率は続けて引き上げられており，その都度労使の新たな負担割合が交渉されている．

　保険料といっても，その金額の決定方法にはいくつかの選択肢がある．ビスマルクモデルに従えば，原則として所得比例で給与の特定比率の保険料の設定となる．つまり，所得の多い人ほど多額の保険料を負担することになる．他方で，ベヴァリッジモデルに従えば，定額の保険料となる．すべての被保険者が定められた同じ金額の保険料を負担することになる．実際には，定額制と定率制を組み合わせた保険料の設定も行われている．

受益者負担

　社会保障で賄いきれない部分は，一部本人負担が導入されている．医療保険や介護保険，各種社会福祉サービスなどにおいては，費用の一部が利用者の自己負担とされている．社会保障の財政が厳しい時期には，自己負担の比率の引き上げが検討される．

　サービスなどをうけていない人は，当然ながら負担は回避されることになる．社会保障に限らないが，実際にコストがかかっているサービスに対して，サービスをうけた人がうけていない人より多くの負担を求められることは合意されやすい．

3．社会保障の歳出

現物給付と現金給付

　社会保障の歳出は，社会保障制度の多様化により多岐にわたる．社会保障の範疇に含まれる各制度の支出にあてられる．その中心は，社会保障給付費である．社会保障給付には大きく分けて，現金給付と現物給付の２つがある．その多くは所得保障の意味をもつ現金給付である．現代社会における社会保障は，

所得保障を中心にしている．老齢，失業，疾病，労災のどの制度においても，喪失所得の保障として現金給付が適用されている．

　他方，現物給付とは，その名のとおり，貨幣ではなく物納される意味である．もっとも典型的なのが，医療サービスである．医療費の全部あるいは一部が償還されるということは，患者は医療サービスの全部あるいは一部を現物で受給することを意味する．介護サービスも同様のことがいえるだろう．サービスとは，経済的には物（商品）として扱われる．かつては，欧州では生活保障として現金給付ではなく石炭などの現物給付もあったようであるが，最近はほとんどが現金給付となりつつある．

　社会保障の運営に際しては，実際に給付される各種給付だけでなく，管理・運営のためにも大きな予算を必要とする．国や県，自治体だけでなく多様な各種団体が運営・管理に関係している．行政組織の維持，運営に加えて人件費も含め，多額の費用が社会保障の運営に必要となる．これらは当然公費によって負担される．

社会保障給付の特徴

　社会保障支出は，特別な性格をもつ．「自然増」とよばれるものである．歴史的に検証されることであるが，現代社会はより社会保障に依存する傾向がある．つまり，政府が社会保障に関する法政策を一切変更しないでこれまでと同じ運営を続けていたとしても，社会保障関係支出は恒常的に増加している．人口構成の高齢化（平均寿命の伸長・少子化）や医療技術の向上などは，結果として年金や医療サービス，介護サービスの支出を増加させる．

　制度の条件が変わらなくても，制度を取り巻く社会条件が変化することで，支出増が避けられなくなる．社会全体が次第に豊かになれば，社会保障も充実してくる．最低生活基準に関しても，次第に高い水準になってきている．

　社会保障給付は，通常，多くが物価調整される．デフレの場合は別として，通常であれば，物価上昇率に沿った形で社会保障関係給付も増額されていく．

特に，各種年金制度は，たとえば拠出期間が 40 年間，支給期間が約 20 年間のように，長期に適用されるのが一般的である．算定にあたっては，過去の所得を現在の価値に再評価する作業を伴う．

4．政府予算と社会保障

社会保障に関係する予算とは，主として厚生労働省予算ということになる．ただ，一部は他の省庁の行う事業にも社会保障に関係する事業があることも忘れてはならない．国家予算については，財政学などの分野に詳細は譲るが，ここでは政府予算における厚生労働省予算のもつ特徴について触れたい．

ゼロ・シーリング

政府予算は各省庁間で配分されるわけであるが，その際，ゼロ・シーリング方式というやり方が採用されている．つまり，政府予算に占める各省庁の予算の比率を概ね毎年維持していくことである．国の全体の予算が増減しても，その省庁の予算比率をほぼ維持していこうというものである．もちろん，各省庁の年度ごとの特別な事情もあり，多少のばらつきは容認されるが，基本的にはほぼ同じ比率を維持していこうとするものである．このやり方は，すべての省庁の合意を得られやすい．ある省が予算を大幅増額させ，他の省庁が激減させたら，省庁間の軋轢も増すことになり，合意形成が難しくなる．国家予算が減れば，すべての省庁が痛み分けに応じ，国家予算が増えれば，すべての省庁で山分けする仕組みである．

この方法は抵抗が比較的少なく受け入れられているが，厚生労働省にとっては大きな障害ともなっている．厚生労働省の支出構造をみると，前述のとおり「自然増」とよばれる傾向がある．年金や医療の支出をみると，政策を変えずにこれまでの条件を続行するだけで支出が増加していく．この傾向は，おそらく他の省庁にはあまりみられない，厚生労働省に固有の特徴であろう．たとえ

ば，文部科学省では，少子化により，おそらく児童や教員数の減少から自然減があるものと予想されるが，予算を下げる論理には至らない．

　ゼロ・シーリングでは，この厚生労働省の支出の「自然増」を賄うことができない．だからといって，厚生労働省だけが他の省庁とは別個に特別に予算増を獲得することは，なかなか認められないであろう．介護保険も導入され，厚生労働省は今後ますます大きな「自然増」が見込まれる．この特別な財源をどう賄うか，新しい方法が模索されている．そのひとつの提案が目的税であろう．

国庫負担と福祉原則

　社会保障制度の改革が近年活発である．その主な内容は財政改革であり，財源の確保と支出抑制が中心的な内容となっている．その際，支出抑制策の一環として採用されている多くの対策は，受益者負担の拡大である．財政難から自己負担割合が増える傾向にある．医療や介護のほか福祉サービスなどにおいてもこの傾向は共通している．また，保険主義の強化が打ち出され，負担に応じた給付がますます強化されつつある．保険料の引き上げも保険原則に従って給付の保護をしないと，国民の理解がなかなか得られない状況にある．

　だが，社会保障においては，受益者負担や保険原則の限界がある．自分で自立できる者は問題ないが，貧困者はニーズがあっても負担できない．では，保護がいらないかというと，貧困者ほど一般以上に保護が必要となる．そこで，国庫補助が福祉原則から社会保障を支えることになる．

　保険原則からはみ出した部分は国庫補助によって調整してきたのが，近年の社会保障であった．現在行われている社会保障改革においても，国庫負担が注目されている．保険料の引き上げに苦慮した政府は，国庫補助の引き上げに踏み切らざるをえなくなる．保険方式の限界が意識されると，いよいよ税方式の導入が要請されてくる．

地方自治体

　社会保障の財政運営に関しては，地方自治体も大きな負担を背負っている．日本でも，国民健康保険や介護保険などにおいて県や市町村も財源を供出している．自治体が設置主体となっている場合，仮に制度赤字に陥ったら自治体が一般会計の予算内で補填し処理しなければならなくなることもある．もともと財政基盤の弱い地方自治体にとっては，この負担は厳しい．

　夕張市のように財政破綻した自治体もある．国以上に財政難の自治体は多い．社会保障の地域格差が大きいこともあり，社会保障は地域政策の対応も迫られている．一つの対応として，医療保険分野で典型的に進められている行政の広域化の流れがある．自治体が連携し，財政調整に協力し，政府もこれを支援するやり方である．

第6回 社会保障と法律

　社会保障を学ぶのに何故法律が必要なのか，疑問に思われる人もいるかもしれない．日本では，社会保障とは主に経済学や社会学の対象と思われているからである．社会保障制度は，当然ながら，法律に基づいて成立し，そして，法律に従って施行される．社会保障制度の内容を具体的に知るためには，関係する法律を紐解くしかない．社会保障に関係する法律を総称して社会保障法とする．そして，社会保障関係の法律は，広範に及ぶ．

　ここで強調したいのは，社会保障に関係する法律は他の多くの法律と密接に関係しあっていることである．何故，社会保障があるのか，これは憲法をみなければならない．家族の関係も重要であるので民法も必要になってくる．労働者の保護から社会保障が始まったのであるから，労働法も理解したい．社会保障に関する国際協定も締結されている．社会保障の基本的な構造を理解するために広く法律体系から学んでいく必要がある．

1．社会保障法

社会保険法

　すべての市民を対象とする社会保険は，社会保障の中心部分を占める．社会保険はリスクによって，また職域によってさまざまな制度が存在する．以下，社会保障法体系に従って，社会保険法を整理してみよう．

　傷病給付として，健康保険法，国民健康保険法がある．他に職域ごとの健康保険法がある．さらに，老人保健法に代わった後期高齢者医療法がある．医療費の支給と傷病手当などの支給について規定されている．老齢・障害・遺族給付については，厚生年金保険法と国民年金法が中心となり，職域の年金法がそれぞれ存在したが厚生年金に統合された．企業年金については，別の法律による．

　労働保険に関しては，労働者災害補償保険法が職場の災害や職業病の補償を規定している．さらに，雇用保険法が失業者への失業給付の支給に加えて，各種就職促進，能力開発，休業補償や使用者のための事業も規定している．高齢者福祉の一環として介護保険法がある．在宅介護サービスや施設サービスを規定している．改廃が続くが，家族給付関係では児童手当法がある．

　なお，職域で健康保険などを一括して社会保険制度を組織している場合もある．国家公務員共済や地方公務員共済，私学共済や船員保険などが代表的であり，独立した法律によって規定されている．

社会福祉法

　日本の社会福祉では，これまで高齢者，障害者，児童，ひとり親家庭等の対象ごとに法制度が整備されてきた．現在では，高齢者分野では介護保険法，児童分野では児童福祉法，障害者分野では障害者総合支援法が基幹的な法律として，具体的には多くの関連法が補完する構造となっている．

　多くの社会福祉関連法の中で，社会福祉全般に共通する部分を規定している

のが，社会福祉法となる．1951年に制定された社会福祉事業法が2000年に改正されたものが社会福祉法となる．社会福祉法は，① 社会福祉サービス利用者の権利保護，② 地域福祉の推進，③ 社会福祉事業の公明かつ適正な実施の確保，④ 社会福祉を目的とする健全な発達を図ることで社会福祉の増進に資することを目的とする．

　以下，対象ごとに関連法を見ていこう．まず，生活保護法は憲法25条に基づき，国民の最低生活を保障することを目的とする．具体的には，国家責任による最低生活保障の原理，保護請求権の無差別平等の原理，健康で文化的な最低生活の保障の原理，保護の補足性の原理を規定している．さらに，制度の運用に際しては，申請保護の原則，基準と程度の原則，必要即応の原則，世帯単位の原則について，明記している．2013年には生活困窮者自立支援法が制定され，生活保護に至る前の段階で支援を整えた．自立相談支援や住宅確保給付金が運営されることになった．

　児童福祉法は満18歳未満を児童と定め，児童相談所を都道府県に設置し，児童福祉司を配置することを定めている．児童福祉の業務は一般児童の健全育成と要援護児童の保護を中心とするが，近年は後者に重点があり，被虐待児の保護や要保護児童の児童養護施設などへの入所がますます重要な業務になりつつある．1997年以降，公立保育園の運営費の一般財源化，子育て支援事業の実施，保育計画の作成，児童相談所の役割の重点化などの改革が続いている．

　児童福祉関連の法律としては，2000年に児童虐待防止法，2003年には少子化社会対策基本法，次世代育成支援対策推進法が制定された．さらに，2013年には子供貧困対策推進法が制定され，子供の貧困解消と教育機会の均等が強調された．

　身体障害者福祉法は，身体障害者福祉司の配置や身体障害者手帳の交付などを規定している．2003年度より支援費制度が導入され，サービス利用者へ一定割合の支援費を事業者に支払う制度となった．知的障害者福祉法においては，市町村や都道府県が知的障害者福祉の実施主体となり，入所を中心に展開され

てきた．知的障害者福祉においても支援費制度が実施されている．精神保健福祉法は保健医療と福祉の両分野にまたがり，精神保健福祉手帳の交付，相談支援，利用調整に関して規定している．2013年には障害者総合支援法が制定され，区分ごとに展開されてきた政策の共通部分を一元化した．さらに，2011年には障害者虐待防止法，2013年には障害差別解消法が制定された．

　老人福祉法は，高齢者福祉施設について規定している．市町村や都道府県老人福祉サービスの供給の確保をはかり，老人福祉計画の策定についても規定している．有料老人ホームについて，設置に際して都道府県への事前届を義務付け，規制を加えている．介護保険法の制定により，老人福祉法の業務は縮小された．高齢者福祉関連の法律としては，高齢社会対策基本法，高齢者住まい法，高齢者虐待防止法がある．

社会保障法

　各国が国内の「社会保障法」として，どのような制度を規定し，実際に運営しているか国によって異なるところである．各国の国内事情によりそれぞれ特徴的な社会保障制度を擁立している．

　日本においては，前述のとおり社会保険関係の法律に基づいた制度と生活保護法を含めた社会福祉関連法による制度が，日本の社会保障法の骨格をなす．さらに，それ以外の制度も多数存在する．公衆衛生に関係する各法律，各種社会手当に関する法律などの関連法をすべて含めたものが「社会保障法」ということになる．

2．社会保障に関係する法律

憲法との関係

　憲法には，社会保障法の根拠となる考え方が明記されている．逆にいえば，社会保障法は憲法で示された理念を実現するために具体的な制度に関して規定

していることになる．以下，社会保障法の根拠とされる箇所を紹介していこう．

　まず，日本国憲法 11 条は，次のように述べている．「国民は，すべての基本的人権の享有を妨げられない．この憲法が国民に保障する基本的人権は，侵すことのできない永久の権利として，現在及び将来の国民に与えられる」．ここで，国民の基本的人権の不可侵性について規定している．

　憲法 14 条では，「すべて国民は，法の下に平等であつて，人種，信条，性別，社会的身分又は門地により，政治的，経済的又は社会的関係において，差別されない」と述べている．社会保障制度においても，無差別平等が重要な基本原理となっている．すべての国民が等しく社会保障の権利を有するのである．

　そして，憲法 25 条が国民の最低生活の保障を謳っている．「すべて国民は，健康で文化的な最低限度の生活を営む権利を有する」．そして第 2 項では，「国は，すべての生活部面について，社会福祉，社会保障及び公衆衛生の向上及び増進に努めなければならない」と明言している．これが，社会保障法の根拠となっている．

　ここで「国民」と明示しているのであるから，この条項は国民にのみ該当することになり，外国人は適用から除外されることになる．この「健康で文化的な最低限度」の生活とは，ナショナル・ミニマムとよばれている．すべての日本人は最低限度の生活を送る権利があり，それを保障することは国の責務である．

　この憲法 25 条に基づいて，具体的に社会保障や社会福祉などに関係する法律が準備されているのである．社会福祉関係では，先に列挙したような法律が制定されている．

　日本で最低所得保障制度とは，生活保護法を意味する．生活保護法の 1 条は，この法律の目的として，以下のように記述している．「この法律は，日本国憲法 25 条に規定する理念に基き，国が生活に困窮するすべての国民に対し，その困窮の程度に応じ，必要な保護を行い，その最低限度の生活を保障するとともに，その自立を助長することを目的とする」．

民法との関係

社会保障関係法は，いろいろな場面で民法と密接にかかわる．とりわけ，日本の社会保障関係の制度は，対象者を個人ではなくて世帯単位で扱うことが多い．家族は，お互いに扶養義務がある．子どものいる家庭であれば，親は子の扶養義務がある．世代が変わり親が高齢者となれば，子は親の扶養義務を負う．仮に同居していなくても，民法に基づく扶養義務を負うのは一般的である．

生活保護法には，次のような規定がある．「民法に定める扶養義務者の扶養及び他の法律に定める扶助は，すべてこの法律による保護に優先して行われるものとする」(生活保護法4条2項).

つまり，親兄弟などの民法で規定されている扶養義務関係者がいれば，生活保護は適用されないということになる．親族相互で扶助しあいなさいという趣旨である．このことは，家族に貧困者がいれば，その家族全員が貧困者を扶養する義務を果たさなければならなくなる．つまり，家族による問題解決が達成されない時にはじめて生活保護が適用される．

欧州では，公的扶助は個人単位となっており，世帯という単位では扱わない．一般に，親子の場合で仮に扶養が可能な状況にあっても，公的扶助の適用が可能とされる．つまり，家族や親族の扶養義務は絶対的な優先条件ではない．この点が日本との大きな違いである．

民法が社会保障とかかわるのは，生活保護だけではない．離婚の際，子どもと同居しない親は扶養義務に基づいて養育費を毎月提供することを約束する．しかし，時が経つにつれ養育費の提供が実行できなくなることが少なくない．約束されていた養育費が滞ると離婚した片親家庭は生活困難に陥る．そうした事態に，政府が養育費を建て替え払いし，不払いの親から取り立てを代行してくれる制度を運用している国もある．イギリスやスウェーデンなどがこの事例に該当する．民法と社会保障法の連携の事例と言えよう．

労働法との関係

社会保障の歴史を紐解くと，労働運動や労使関係の影響を強くうけていたことが明らかである．産業革命以降は，社会保障は賃金労働者の保護政策の一環として展開してきた．つまり，労働条件のひとつとして社会保障が位置づけられてきた．このこと自体が，社会保障の根本的な問題となっている．

日本では，就職と同時に社会保障制度の適用をうける．職場での労働者の労働過程を扱うのが労働法であり，生活を扱うのが社会保障法といえよう．そして，労働と生活は表裏一体である．労働から何らかの理由で離脱すれば，即，社会保障の領域に入ってくる．また，賃金や退職金，諸手当の他，各種企業福祉は，社会保障制度と非常に密接に関係しあっている．

労働保険と称される雇用保険や労働者災害補償保険は，とりわけ労働法と密接に関係する．失業や職場災害をめぐって，企業責任と国の責任の役割分担が問題となる．また，各種休暇制度も国によって労働法で規定される場合もあれば，社会保障制度として施行されている場合もある．育児休業給付やその他の休暇制度も社会保障の範疇に含まれる場合が多い．権利はあっても，企業の理解が得られないこともある．

国際法との関係

社会保障は国内問題を解決する手段として，属地主義に基づき国内法において規定するものであった．しかし，グローバル化時代にあって，国内では解決できない国際的な問題も増えている．もはや国家の枠を越えた取り決めが展開されてきている．3つの異なる動きがある．

第1に，多くの国々が近隣諸国との間で，もしくは貿易相手国と社会保障に関する二国間協定を締結している．人的交流がある国々の間で社会保障制度の調整を行う法律である．これがないと，社会保障制度の無適用や二重適用，掛け捨てなどの事態が起こりやすくなる．

第2に，国際機関の定める国際条約がある．国連各機関やILOなどは世界

中の国々を対象に条約や勧告を採択している．批准は各国の自由であるが，批准した場合は当該条約に拘束されることになる．特定地域を限定した国際組織が周辺国の加盟する国際条約を締結する場合もある．EU や欧州評議会などが社会保障を含めた法律を制定している．

　第3に，最近の世界不況のもとでの貿易自由化戦略が国際的な流れであり，FTA（自由貿易協定）や EPA（経済連携協定）が締結されている．EPA の条項のなかで，近年，人の国際移動がサービス貿易の一環として掲げられている．具体的には，日本でも看護師や介護福祉士の受け入れがスタートしている．社会保障サービスの供給を大きく変えていく可能性がある．これも社会保障が関係する国際法の一側面といえよう．

第7回 社会保障と政治

　政治を語る場面に必ず登場するのが，福祉である．福祉は国民の大きな関心事でもあり，選挙候補者の間で選挙公約にも必ず福祉改革があげられる．高齢者の人口が増え，高齢者の投票率も高く，高齢者関係の福祉政策は選挙戦でも決定的に重要になる．多くの政策分野の中で，高齢者関係の社会保障政策は政治家を選ぶ選挙おいても，ますます重要性を増すであろう．高齢者と若者との間の世代間対立も，政治論争として展開されることになる．

1．政治と社会保障の関係

民主主義社会と社会保障

　社会保障制度の内容は国によって違い，同じ国内でも時代によっても異なる．それでは，誰が社会保障の内容を決定するのか．その意思決定は，形式的には国民ということになる．国民が政治家や政党を選挙で選出し，選ばれた政治家や政党が社会保障に関しても法案を作成し，多数派の政党が支持する法案は国会で可決され法律が成立する．

　中央政府に限らず，地方自治体においても同様に市民に選出された政治家が地方自治体の福祉政策を構築していくことになる．特定の社会保険制度は市町

村が設置主体となり，管理・運営を行っている．社会福祉においても自治体が果たす役割は大きく，自治体による社会福祉サービスの違いは大きい．自治体の政治基盤が社会福祉の運営の違いとなって現れる．

　しかし，実際には国民の総意が社会保障制度の運営に的確に反映されているか疑問も残る．選挙が終わり一度選出されてしまうと，政治家も政党もトーンダウンしてしまう．選挙のマニフェストがすべて実現しているわけではない．特に，野党は政権奪取のために若干無理して国民の支持を得ようとする．与党であっても，選挙戦勝利のため実現困難なことまで約束することもある．したがって，選挙公約の実現可能性は低下せざるをえなくなる．社会福祉の向上はだれもが歓迎するが，そのための税や保険料の負担増には等しく反対するのが一般的である．

　また，社会保障は市民の唯一の関心事ではない．安全保障，貿易，外交，経済，税金，環境，教育，産業，文化等々，多様な政策分野がある．仮に社会保障に関心をもつ市民であっても，他に優先すべき分野があれば，社会保障政策が希望するものと異なっても特定政党や特定政治家を選ぶことも十分行われている．したがって，市民の社会保障に関する総意が直接政治に反映されないことがあっても不思議なことではない．

　しかし，実際には社会福祉や社会保障分野の影響力は，他の分野と比べて増しているのが現実である．予算規模で見ても社会福祉，社会保障の関係予算比率は拡大し続けている．国民の関心も強まる一方である．

国民のコンセンサスと政党

　社会保障の成立や改正に際しては，当然ながら国民のコンセンサスが必要である．民主主義は現代社会の基本原理である．社会保障の制度は法律に基づいて運用される．前述の通り，その法律を決定するのは，議会である．地方自治体は独自の議会をもち，当該地域に効力を発する法律を制定する．全国に適用される法律を制定するのは国会である．国会では国会議員の多数決により法案

が可決される．通常は，最大議員を抱える政党が法案を提出し，最大議員の支持で成立する．

　各政党は党の方針に従って社会保障制度に関しても党の案をもっている．各政党の支持基盤の利害に貢献できるような政策方針が構築されていく．たとえば，産業界に支持基盤のある政党，労働組合を支持基盤とする政党，地方に支持基盤のある政党等では，当然ながら各政策方針も違ってくる．同じ政党内にも違う考えの議員もいる場合もあるが，党のなかでひとつの案に調整される．そして最終的には大多数の党員である議員が党案を支持することになる．党の方針に従わない議員は除名となる可能性もある．

　開発途上国においては，民主主義も必ずしも十分機能していない場合もあり，国民の合意形成は難しいところがあろう．国民の多くが教育の機会さえ十分に与えられていない場合，社会保障のような制度を理解し，政府に求めるような行動はとられにくい．それ以前に，貧しい国民が税や保険料を払うことに賛同できない場合も多いだろう．

　社会保障の設立や運営に際して，国民の多数が無力な場合もありえる．そもそも選挙権や被選挙権がすべての市民に認められているか，選挙が公正に行われているかも確かでない場合もあろう．少数の支配階級が，国の政策を独占的に運営する国も珍しくはない．そのような場合には，民主主義がうまく社会保障への合意を築くことは難しい．

労使関係

　欧州の社会保障の制度化の過程においては，社会運動が契機となる場合が多かった．社会政策関係の法律は，基本的には政府・労働組合・使用者団体の三者構成の委員会において審議される場合が多い．労働運動の高揚と市民の広い支持を得て，社会保障は発展してきた．イギリスでは，労働時間や賃金などの労働条件の改善に加えて，社会保障も労働組合の要求事項となった．アメリカでも社会保障法成立の背景には労働運動の高揚があった．

　使用者団体が労働者の要求なくして労働者のために多額の社会保険料に容易に応じるはずはない．政府も労働者の強い要求なくして，自ら社会保障を世界に先駆けて制度化するはずもない．強力な労働組合運動をうけて，政府も使用者団体も社会保障の発展を受け入れていった．一般的に，労働組合の強い国ほど社会保障が進展しているともいわれている．

　特異な事例が日本である．1922 年日本で最初の社会保険である健康保険法が提案された時，実は日本の労働組合は大規模な反対闘争を行っていた．低賃金労働者にとっては，安い給与からさらに保険料が強制的に徴収されることに強い抵抗があったようである．日本では社会保障発展の原動力になったのは，労働組合よりもむしろ政府であろう．政府主導で進められている場合が多い．

　欧米で労働運動から次第に運動が盛り上がり政治まで動かし，社会保障の制度化を実現したということで「下から」の改革と称される．逆に，日本では社会保障の発展は必ずしも労働運動の盛り上がりによらず，政府や行政側から提案されたものが次第に一般の理解を得て法制化されていくという意味で，「上から」の改革と総括される．

社会的圧力団体

　労働組合や使用者団体だけが影響力をもつものではない．他にもいろいろな組織が社会保障制度の運営に影響力をもつ．たとえば，医療保険関連では，医師会が絶大な政治力をもつ．消費者団体も消費税にかぎらず，社会保障のいろいろな場面で利害関係にある．社会福祉法人や公益団体，各種職業団体，宗教法人まで，多様な利害関係者が社会保障の意思決定に際して利害関係者となり，圧力団体ともなる．

　産業界の意見も一枚岩ではない．産業によって，地域によって利害が微妙に異なってくることもある．たとえば，パート労働者への厚生年金の適用が議論された時，多くのパート労働者を抱える卸・小売り，スーパー業界が大規模な反対運動を展開し，法案を廃案にさせた．

経営者団体であっても，主に大企業の経営者からなる団体と中小企業の経営者の団体とではやはり利害も微妙に異なる．実際に，日本でも多くの労働者保護政策が大企業の経営者団体の支持は得られても，日本商工会議所等の中小企業の経営者の反対によって成立しなかった経緯がある．

組織化された団体だけではない．高齢社会では高齢者の人口比率が高まっている．年金受給している高齢者が多数化する社会で，年金改悪の法案は提出しにくくなる．これを実現した政党は次の選挙で大敗するかもしれない．年金は世代間の契約によって成り立っている．しかし，18歳未満の人は投票権がないし，ましてや将来の次世代には発言権が一切ない．現在の高齢者が発言権を手中に入れている．年金だけではない，医療，介護，福祉政策など多くの社会保障制度にとって高齢者は最大の受益者であり，選挙の絶大な有権者ともなる．

2．政治構造と社会保障政策

政党と社会保障

どこの国でも各政党は独自の政策をもつ．社会保障だけでなく，防衛政策から，教育政策，経済政策などに至る分野においても政党としての基本方針を掲げている．それは政党を支持する社会勢力の利害を反映させるものであり，その支持を確かなものとするためでもある．各政党は支持母体が異なるのが一般的であり，その相違によって政策の内容も異なってくる次第である．

日本は，自由民主党が長期間政権を支配してきた．日本の社会保障は自由民主党がつくってきたといっても過言ではない．もちろん，野党各党も国の政策決定に際しては，それぞれ重要な役割を果たしてきたといえるが，基本的には与党である自民党が主導して法制化も進めてきた．各党はそれぞれの社会保障政策の基本方針をもっているが，それを実現できるのは通常与党である．

日本では，民主党はかつて野党時代には自民党政策を常に批判しつつ民主党案を示してきた．政権与党に立場を変えた民主党は，以前から公約してきた社

会保障改革に着手した．子ども手当のように即実施した制度もあるが，政権を失った後は，子ども手当も終了し，児童手当が復活した．

アメリカでは，民主党の時代に社会保障が進展して，共和党の時期には後退するといわれている．民主党出身のルーズベルト大統領が1935年の社会保障法を成立させた．近年も，民主党のオバマ大統領がすべてのアメリカ人に医療保険を強制適用させる法案を提出した．逆に，共和党の大統領の時代に，社会保障の後退に傾いたことも歴史が証明している．

イギリスでは，労働党の時代が社会保障の躍進期であり，保守党などの時代は後退期である．フランスは小党分立であるが，やはり，社会党，共産党などの左派政党が強い時期は社会保障が発展するが，右派・保守系政権の時期には後退する．このように各国とも政党の支配勢力状況によって，社会保障も影響を大きくうけてきた．欧州では，社会民主主義の政党やその類似する政党が，福祉国家を支えてきた．北欧諸国も社会民主主義系の政党が安定政権についた時代の産物として，社会保障も前進してきた．

欧州では，キリスト教民主党のような宗教系の政党も存在する．日本の公明党も同様である．キリスト教世界である欧州においては，国によってはキリスト教系の政党が当該国の主要な政党になっている国もある．そして，キリスト教系の政党は，等しく社会保障や社会福祉の重要性を強調する特徴がある．宗教活動の一環として社会福祉の活動を展開していることが多いので，政治的な展開も当然のことと理解できよう．

このようにみてくると，社会保障も政治の副産物として社会的にもたらされてきた．民主主義の世の中であるから，市民が自ら支持する政党や政治家に社会保障に関しても意思を託して選挙に当たっている．したがって，政治という場所を借りて民意を反映させているのが，今日の社会保障の姿となって結実していると理解できよう．

社会民主主義系の政党の福祉政策

　社会福祉や社会保障の充実を訴えるのは，北欧諸国では社会民主主義系の政党である．ほかの国々でも社会民主党が存在する．また，党の名称と実際の政治政策の内容は，国によって必ずしも一致しない部分もあるため注意されたい．北欧では労働組合の組織率が高く，労働者の多数は労働組合員である．労働組合と政党は別とはいうものの，実際には深く関係することはほぼ明らかである．労働組合の支持を受けた政党が政権与党となり，安定した政治として福祉国家を築いてきた．日本のように労働組合が未組織で影響力も比較的弱い国では，労働組合の支持を得ても政権は確保できない．

　北欧諸国をはじめ，社会民主主義系の政党が，社会保障や社会福祉の改善を目指し，長年にわたって活動してきた結果が現在の先進福祉国家に導いている．教育，医療，福祉が原則無償ですべての人に平等で普遍的な福祉国家が構築された．社会民主党への国民の支持がなかったら，今日の北欧福祉国家モデルは存在しなかったであろう．

　日本では左派政党は人権思想を強調し，社会福祉の充実を強調してきた．だが，国民の多数の支持を得ることはまれである．逆に，自由主義系の政党は，産業界の利益を代弁し，企業の負担の軽減を主張し，国内企業の競争力向上を支援し，社会保障に関しても小さな政府を求める．社会保障の内容を決定するのは，政治闘争の結果でもある．

政治体制と社会保障

　政権はひとつの政党で成り立つとは限らない．複数の政党による連立政権も珍しくはない．圧倒的な国民の支持を得られている政党であれば，単独で政権を掌握することもある．他方，国会議員の過半数を占める安定政権の確保のために連立政権となることも多い．その場合，社会保障政策に関しても，連立政権を構成する複数の政党間で政策の調整が行われることになる．一般的には，政策方針の近い政党間での連立が多いが，数の論理が先行し主義主張を超えた

連立の場合もある．その場合，政策の統合が困難となる．

　たとえば，日本でも自民党・公明党の連立内閣で成り立っており，社会保障制度に関しても公明党は公明党の独自の政策を打ち出して主張している．政権与党でありながら，連立を組む政党との調整から独自の社会保障政策が実現できない場合もある．

　また，同じ国であっても，時とともに政権が激しく揺れ動くこともある．政権政党が変わるたびごとに社会保障政策も変わることがある．新しい政権は，必要以上に旧政権との違いを前面に押し出そうとする．旧政権の社会保障制度を廃止し，現政権のもとで新しい社会保障制度を創設する傾向が強い．どこの国でもこの構図は当てはまる．結果的には，一国の社会保障が改正続きで安定しないことになる．

　世界を見回してみると，民主主義的な国ばかりではない．軍のトップが政権を握る軍事政権国家もあれば，独裁政治を行っている国もある．また，政府はあっても，行政組織が不備で政策遂行能力に問題のある国もある．対外戦争や内戦が続き，社会保障どころではない国もある．安定した民主主義国家の政権でないと，持続可能な社会保障の実現は困難である．ここでは政治が社会保障発展の障壁となっている．

第8回 社会保障の行政組織

　社会保障は，行政サービスの一環である．多数の市民を対象にして，多様なリスクに関係して多様なサービスが提供されるシステムが社会保障である．公的な行政機関だけでなく，多くの組織が社会保障の管理と運営に関係する．ここでは社会保障を運営する組織について概観していく．

1．社会保障の行政組織

社会保障行政と公務員

　社会保障を施行するのは行政組織である．多数の市民を多様なリスクから保護するためには，多様な人材と充実した組織が不可欠である．優れた法律を制定しても，優れた行政組織がない国では社会保障はうまく機能しない．社会保障は基本的には国の行う事業を意味するから，中央政府が中央集権的な国家体制を確立していることが社会保障成立の前提条件となる．

　世界には行政が必ずしも全国民を把握し管理下に置いていない国々もある．アジアやアフリカの多くの開発途上国では，行政組織が過疎地まで管理できない状況にある．人口すら正確に把握されていない国もある．行政組織が整備されていないと，国の政策は施行できない．刑法でいくら厳しい罰則を制定して

も，警察官がいなければ悪者を拘束して制裁を与えることはできない．開発途上国のなかには，国内でも言語や民族が異なり，非識字率の高い国もあり，管理能力の高い行政組織を確立することは容易ではない．

中央政府と自治体

　行政組織に関して重要なテーマは，中央政府と地方自治体の間の関係である．どの程度の権限を中央政府と地方自治体が分担しているかが，非常に大事な課題となる．中央政府の権限が強いと，一貫した政策が全国的に施行されやすくなる．他方，地方への権限移譲が進むと，全国的な政策の整合化が困難となる．

　日本では，権限の国から地方への移譲が進められつつある．地方のことをすべて中央政府が決定するメカニズムは，地方にとっては好ましくない．地域を把握している地方行政が当該地域のことを自ら決定できることが望ましい．地域による相違はいちじるしく，都市では理解できないような事態も地方にはある．

　アメリカやカナダ，オーストラリアなどの大国では，中央政府の役割は比較的小さく，州政府の役割が大きくなっている．社会保障制度に関しても，州法でかなりの部分が決められる場合もある．その場合，中央政府は補助的な役割に留まることになる．中央政府はガイドラインを示す程度で，地方政府が実質的には具体的な内容を決定し，実施する．制度の有無さえも地方政府によって異なる場合もある．

　日本の行政は，中央政府に過大な権限が集中している．地方分権化が叫ばれて久しいが，実際には遅々として進んでいない．とりわけ，お金に関する権限が中央政府に集中していることが，多くのほかの問題の根源となっている．地方税もあるが，税の大きな部分はやはり中央政府に入ってしまう．この財源の中央への集中が，多くの権限が中央に集中する主たる要因になっている．

　日本の社会福祉六法のなかで老人福祉法と身体障害者福祉法などの領域では，既に県の役割が縮小され，国と市町村が直接業務を行うものとされた．他の領

域においても，今後は県の権限が次第に縮小されていくものと予想される．地方自治体が自分の地域内の事柄に関しては自分で決定でき，自分で遂行することもできるような自己完結的な行政が求められている．そこでは，中央政府は財政的な補助はすることがあっても，基本的には自治体の自治に介入することを最小限に抑えるべきと考えられる．

都市と地方の財政調整

　国と自治体の関係では権限の問題だけでなく，財政調整の問題もある．社会保障は高所得者と低所得者の間の所得再分配のメカニズムであるが，併せて都市と地方との間の所得再分配の意味ももつ．どの国でも，財政事情，負担能力は自治体によってかなり異なる．財政基盤の強い都市部の自治体の財源が，小規模で財政が苦しい自治体の財政支援を行うものである．

　全国から集められた国家財源を地方自治体に割り振ることも，同様に自治体間の所得再分配を意味している．どこまで再分配に応じるかによって，状況は異なる．また，所得移転は都市部から地方へとは限らない．産業が集積している自治体から産業が不調な自治体への所得再分配となることもある．この場合，企業活動の活発な地域で獲得した富が社会保障を通じて企業活動が不活発で失業者の多い都市へ流れ込むことになる．企業活動が活発な地域の市民は社会保障も独立採算にすべきと訴えるかもしれない．実際に，ベルギーで起こった連邦制国家への改革である．

縦割り・横並び行政の弊害

　社会保障に限らず，日本の行政一般に関して問題視されるのが，縦割り・横並び構造の弊害である．関連する政策を違う行政ラインで行っていても，お互いに一切協調しあわないことである．つまり，指揮・命令系統が異なるとまったく連携関係がなくなるのである．そのことは，随所で不合理をきたしている．

　日本の社会保障制度が非常に煩雑であることもこうした縦割り行政の影響を

うけているためでもある．たとえば，欧州の多くの国々では社会保障の手続き
は非常に簡素化，一本化されている．社会保険労務士などいなくても，雇用契
約を結べば自動的に賃金労働者が加入すべき制度に一括してすべて同時に適用
されてしまう．日本では，制度ごとに異なるスケジュールで，異なる窓口で，
異なる要領で手続きを強いられる．併給禁止も，どの系列の制度とどの系列の
制度との併給かによって調整内容も異なってくる．

行政改革の影響

　ネオ・リベラリストは，小さな政府を待望した．"small is beautiful" が合言
葉となった．社会保障のような政府が行う事業自体の縮小と，行政組織の小規
模化が強調された．日本でも政府予算は膨れ上がる一方であり，安上がりの政
府が目指されてきた．政府の介入は最小限にとどめた方が良いものとされ，行
政組織の削減が進められてきた．歴代の首相が行政改革を掲げて活動してきた
が，実際にはあまり進展してこなかった．現在，特殊法人の廃止が打ち出され
ているが，法人形態を変更したり，他の組織との合併などによって廃止を逃れ，
実際には人員や組織は必ずしも削減されていない．

　行政改革の名のもとに，実際に定員削減が進行している．省庁を超えて取り
組むべき大きな課題とされている．ところが，定員削減を実現することが困難
な省と比較的容易な省とがあろう．厚生労働省管轄の業務を想定すれば，対人
サービスを抱え，もともと人員を必要とする業務が多く，一律の定員削減には
応じにくいところがある．文部科学省の教育に関しても同様のことがいえるが，
少子化により教職員の削減も可能であろう．

　厚生労働省の業務は近年増えつづけている．2000 年に介護保険制度を導入
したが，この制度だけでも多くの人員が必要となっているし，今後の制度発展
を想定してもますます多くの人員が必要になるだろう．外国人労働，高齢者労
働，派遣労働，高齢者医療，少子化対策等々，この他にも将来的に人員を増や
さなければならない部署が少なくない．仕事は増える一方なのに，人員は減ら

される一方というのでは，現有職員の労働強化につながっていく．

　考えられる一つの方向は，社会保障や社会福祉の民営化である．介護保険は民営化を促進したが，介護に限らず，社会保障，社会福祉全般にわたって民営化が次第に浸透しつつある．たとえば，市立保育園が株式会社の保育園に代わることで，公務員数は削減され，公費も削減の可能性がある．

2．日本の社会保障行政

　社会保障全般については，厚生労働省の各部局が中央機関として管理運営している．内部部局としては，大臣官房，医政局，健康局，医薬食品局，労働基準局，職業安定局，職業能力開発局，雇用均等・児童家庭局，社会・援護局，老健局，保険局，年金局政策統括官がある．それぞれの関係政策ごとに地方組織と連携し管理体制が構築されている．

　医療保険については，保険局が企画立案から管理，監督まで業務を統括している．年金制度は年金局の所轄となり，公的年金のほか企業年金の監督にあたっている．労働保険については，労働基準局が主に労災保険を，職業安定局がハローワークを中心に職業紹介と雇用保険を管轄している．

　社会保険業務については，厚生労働省の外局としての社会保険庁が医療，年金の運営を担っていた．地方組織として社会保険事務所をもち，オンラインで結び窓口業務を行っていた．しかし，年金記録問題をはじめ社会保険庁の不祥事が続き，社会保険庁は解体された．2008年に全国健康保険協会が発足し，つづいて2010年に日本年金機構が発足，それぞれの業務を遂行することになった．

　医療保険の支払業務は社会保険診療報酬支払基金が一括して管理している．国民健康保険では各都道府県の国民健康保険団体連合会が同様の業務を行っている．社会保険の円滑な運営を支援するための各種民間機関の協力体制として，社会保険委員制度や社会保険労務士制度がある．

　日本では制度ごとに審議会などが組織され，制度の設立，運営，改正などに際して審議し，法制化へ向けての準備作業を行っている．社会保障審議会，厚生科学審議会，労働政策審議会，医道審議会，薬事・食品衛生審議会，中央最低賃金審議会，労働保険審査会，中央社会保険医療協議会，社会保険審査会などがある．

　地方の行政組織としては，2001 年より全国 8 か所に衛生・福祉関係の許認可や監督業務，厚生年金基金や健康保険組合の監督などを広域で行う組織として地方厚生局が設置された．2008 年には後期高齢者医療に関する指導，保険医療機関の指導監督業務も地方厚生局が行うことになった．労働関係の地方事務組織として各都道府県に労働局があり，雇用保険と労働者災害補償保険の実施・管理を担当している．

不服審査機関

　社会保険に関する決定処分に対して不服がある場合に備えて，審査制度がある．年金や医療に関しては，各地域の地方厚生局に社会保険審査官が置かれている．労働保険では，都道府県の労働局に雇用保険審査官，労働者災害補償保険審査官が置かれている．

　審査官の決定にさらに不服のある場合には，再審として上級の審査会が準備されている．社会保険制度には社会保険審査会が，労働保険には労働保険審査会がある．社会保険，労働保険ともに二審制をとっているが，国民健康保険，各種共済組合，介護保険はそれぞれの審査会の行う一審制で行われている．

社会保障専門職

　社会保険労務士は社会保険や労働保険に関する申請，届出，報告などの手続きを企業に代わって行う専門職である．事業所内の労務管理，社会保険管理の代行，相談，指導などを業務とする．事業所に勤務する社会保険労務士と開業して独立した業務を行う社会保険労務士の場合がある．

　社会保険委員は従業員 10 人以上の健康保険，厚生年金保険の適用事業所で適任者に委嘱され，事業所内の社会保険に関する指導，相談などを行う．また，社会保険事務所に社会保険相談員が置かれ，従業員 10 人以上の事業所を巡回して社会保険に関する指導，相談などを行う．社会保険委員と社会保険相談員の連携をはかるために社会保険委員会が各地域ごとに組織されている．

3．社会保障と労使関係

三者構成の意思決定

　社会保障は，労使関係と非常に密接な関係にある．日本では，社会保障に限らず多くの立法は審議会において議論され法案化されていく．審議会は，領域によって構成メンバーも異なる．社会政策の領域では多くの審議会は政府・労働組合代表・使用者団体代表の三者構成を基本としている．三者の審議会で審議を経た後に法制化の過程に入っていく．

　日本だけでなく，多くの先進諸国もこのことは同様である．国連の専門機関である ILO も世界各国への社会立法の普及に際して，三者構成の意思決定機関の組織化から着手している．また，国によっては，政府を意思決定プロセスから排除して，労使の二者構成で意思決定していく国もある．フランスがその典型である．いずれにしても，社会保障の関係法制にとって労使関係は決定的に重要な存在であることは明らかである．

労働組合

　各国がどのような労働組合をもつかが，福祉国家の内容を決定してしまう．北欧諸国は典型的に強力な労働組合を抱え，国民の支持も厚い．労働者の大多数が労働組合に属し，労働組合の支持をうけた政党が政府与党を構成している．

　労働組合への国民の支持は，政治にも反映される．労働組合と政党とは建前上は別個の組織であり，直接的な関係にはないとされる．だが，実際には人脈

からイデオロギー，政策まで，表裏一体の関係にある場合が多い．強力な労働組合があれば，その支持を集めた政党を通じて国の政策に反映させていくのである．

　日本の労働組合は，国際的には評価が低い．組織率の低さに加え，労働組合の存立基盤の脆弱性が指摘される．日本の労働組合は，企業別の運動が中心である．同じ産業であれば，欧米では労働者はどこの会社の労働者でも同じ労働組合員となる．ところが，日本では同じ産業でも異なる会社の労働者は必ずしも同じ組合員として同じ利害関係者とはならない．日本の組合がもっとも重視するのは，当該企業の賃上げである．企業内の労働条件が組合の主たる関心事である．全国民を対象とする社会保障のために，日本の労働組合は積極的には戦わない．

第9回 社会保障の対象

社会保障制度はどのような人に適用されるのか，また，社会保障に類似する制度があるなかで，どのような制度が社会保障に含まれるのか，その適用対象が問題となる．この問題は一見容易にも思えるが，実際に特定化しようとすると困難を伴う場合もある．ここでは，社会保障の法的な適用対象と人的適用対象について述べる．

1. 法的根拠

法定制度

第4回の定義のところでも触れたが，社会保障とは一般的に中央政府が全国的に施行する制度である．そこでは，国の法律に基づいて社会保障関係制度がすべて規定されることになる．つまり法定社会保障制度のみが，本来の社会保障の範疇に含まれるものとなる．一部の地域や特定の産業や職種にのみ適用されるのではなく，政府が制定した法律に基づき，全国的に全国民を対象に施行されている社会保障制度がここでは対象となる．

68

自治体の制度

　それでは，逆に社会保障の対象に含まれないものは何かみていこう．まず，特定の地方自治体が当該地域内を対象として施行している制度は，社会保障とはみなされない．歴史的にみても，中央政府が全国的な政策を開始する前に，必ず先進的な自治体が独自の制度を導入し運営していた．しかし，自治体レベルでの制度は社会保障とみなされない．

　事例をあげよう．イタリアでは今でも法定の公的扶助制度が成立していない．実は，イタリアでは貧困への対応は自治体の行うものであり，それぞれの地方自治体が独自の公的扶助を行っている．おそらく，すべての自治体がそれぞれの地域の法律によって公的扶助制度を運営している．結局は，すべてのイタリア人が公的扶助の適用をうけられるわけであり，中央政府の公的扶助と何らかわらない効果を有している．それでも，やはり，国際比較すれば，イタリアには法定の公的扶助制度は存在しないということになる．

　ただし，設置主体が地方自治体であっても，国の法律で定められ，政府がガイドラインを定め，補助金も提供するような制度は，社会保障制度の一環と考えられる．自治体によって制度へのニーズや財政力が異なるため，近年は自治体に一定程度の裁量権を与える社会保障制度が増えている．

労働協約に基づく制度

　欧州で特に多いのは労働協約に基づいた制度である．社会福祉の進んでいる国の多くは，労働組合運動の活発な国々である．労働組合代表と使用者団体の代表が協約を結び，医療サービスや年金や失業給付，その他各種給付制度を運営している場合がある．これらの給付制度は，当該労働組合の組合員にのみ適用されるのではなくて，すべての労働者に強制適用されることもある．

　国によって，制度によってその機能は異なるが，特定の制度に関しては国の運営する給付と同様かそれ以上の役割を演じている場合も少なくない．社会保障制度の範疇には含まれないが，補足制度として準公的制度と位置づけられる

場合が多い.

2．関係制度

ILO 基準

　各国がどのような社会保障制度を備えているか，各国各様である．社会保障としてどのような制度が範疇に含まれるのか，各国の国内法による．国際機関である ILO はどのような制度を想定しているのか紹介しよう．既に「社会的リスク」で紹介したとおり，老齢，疾病，医療，遺族，失業，労災，家族，障害，母性保護の9つの制度を ILO は列挙している．これらの制度が基本的な社会保障制度ということになる.

　これらの制度に含まれていないが，社会保障制度として一般に認知されているものがいくつかある．介護保険，あるいは，介護サービスという制度も最近先進各国で導入されている．住宅手当や教育手当などを社会保障制度として運営している国もある．休暇手当を社会保険で運営している国もある．公的扶助制度が社会保障の重要な部分をなしているのも事実である.

　日本では，老齢，遺族，障害の3つのリスクがひとつの年金制度に組み込まれている．また，母性保護給付のひとつである出産手当は医療保険の給付として位置づけられている．日本の児童手当は条件を満たした一般的な制度として機能していない．生活保護が公的扶助の機能を担っている．その結果，日本の場合でいえば，年金，医療保険，雇用保険，労災補償保険と介護保険の5つの社会保険制度に生活保護，社会福祉，社会手当を加えたものが，主な社会保障制度の構成要素となろう.

併給禁止

　社会保障制度は多様化し細分化しており，場合によっては同じ人が複数の制度の受給要件を同時に満たしてしまうこともありえる．そんな場合，2つ以上

の制度が同時適用されずに，制度間の調整を行うのが一般的である．いろいろな場合が想定できよう．

たとえば，欧州では EU が域内での人の自由移動を保障しており，国境を越えても社会保障において支障が生じないようにするため，ひとつの制度が適用される原則が確認されている．つまり，国境を越えて移動したために複数国の社会保険制度が適用可能な場合，いずれか一方の国のひとつの社会保障制度のみが適用されるという考え方である．結局，「雇用国主義」が重視され，居住国にかかわりなく雇用国の社会保障制度のみが優先的に適用されることになる．

一国内でも併給の問題が生じる．たとえば，60 歳を過ぎて失業すれば，失業給付が申請できるが，老齢年金も申請できる．日本では近年まで両制度の併給が可能であった．所謂，縦割り・横並び行政の弊害の事例である．合計すると高額の給付となり，批判が寄せられていた．両制度とも喪失所得の保障を行う制度であり，併給は現在では認められなくなった．

また，たとえば，母子家庭で子どもが障害児であれば，母子家庭への給付と障害児への給付が適用対象になってくる．この場合は同じ部局の制度間であり，当初より併給は認められずに，高い金額の給付のみが適用されることになる．制度別に縦割りの行政である日本においては，併給に対して不規則な調整が行われてきた．つまり，異なる部局の制度間では調整が行われにくくて，同じ部局の制度間の調整は厳格に実行されているのが現実である．

3. 社会保障の人的適用対象

社会保障制度が適用される人的対象もきわめて重要となる．せっかくの保護制度があっても，適用されないのであれば意味がなくなる．具体的には，社会保障の制度ごとに受給要件が定めてある．国によって，そして，制度によって，適用対象は一様ではない．ここでは，一般的な議論を中心に紹介していこう．

国籍条項

　社会保障は，その適用対象が当該国の「国民」とする場合がある．これは，いわゆる「国籍条項」を意味する．その場合，外国人は適用除外となる．日本では今でも，生活保護制度は「国民」を対象としており，外国人への適用は問題となる．外国人も日本では税金を強制的に徴収されるが，その税金によって賄われている生活保護が適用されないのは不平等であるとの主張が根強い．同じ社会保障でも各種社会保険制度は，日本でも外国人にも差別せずに適用されている．

　社会保障に限らず，日本ではいろいろなところで国籍条項が振りかざされて，外国人を差別的に扱っている．先進諸国の多くでは，もはや，このような国籍による差別はほとんどなくなっている．内外人平等待遇の原則が社会の基本原則のひとつとして認識されている．欧米諸国は歴史的にも民族の移動も活発であり，お互いが差別をしないことが双方の利益となってきた．島国で閉鎖的な社会であった日本の特徴が，ここにも残されているといえよう．

居住要件

　国籍よりも実際に重要視されるのが，居住要件である．つまり，「国民」ではなく「市民」であることに基づいて制度が適用される．「居住」といっても，具体的に規定するのは難しいところがある．特に，年金などの長期給付に関しては，現在の居住だけでは不十分である．過去に遡って，過去特定期間中に何年以上実際に居住していたことを規定する場合がある．しかし，EU域内のようにパスポートのチェックもない自由移動の国々に住んでいれば，実際の居住を証明することは困難である．住民登録だけして，実際には住んでいないこともありえる．

　一時払いの給付制度とは別に，年金などの長期間適用されるような制度においては，随時，居住要件がチェックされることになろう．社会保障給付が海外居住者に送金される場合もある．その場合には，現況調査が行われることにな

る.

　外国人の場合，居住要件が満たせない場合が比較的多くなる．出稼ぎ外国人労働者が本国に残してきた家族を対象に家族給付が適用されるのか．帰国後に老後の年金は支給されるのか．給付は送金できるのか．外国人の場合，多くの障害がある．

被保険者期間・拠出期間

　社会保険制度においては適用に際して問題は少なく，すべての労働者に全面適用される．しかし，今度は受給要件が重要になる．制度の適用をうけていても，必ずしも給付がうけられるとは限らない．受給要件を満たさなければ，受給には至らない．多くの社会保険制度は，加入期間を要件のひとつとする．

　「加入期間」とは，正確には「被保険者期間」であることもあれば，「拠出期間」であることもある．「雇用期間」とする場合もある．たとえば，制度によって「拠出免除期間」が設定されている場合があるが，免除期間は「被保険者期間」には含まれるが，「拠出期間」には考慮されないことが一般的である．ただし，国によっては，「拠出免除期間」も「拠出期間」とみなす場合もある．

　受給要件としての被保険者期間は国によってかなり異なる．被保険者期間を問わない国もあれば，僅か3ヵ月や半年とする国もある．1年から5年の国もある．日本はかつて25年という異常に長い期間を設定していたが，現在は10年となっている．

　一般に外国人は短期間の海外居住が多く，受給要件として長い資格期間が設定されると，要件を満たせないで受給できない場合が多くなる．これは直接的な差別ではなく，国民と同じルールではあるが，実質的には外国人への不利益になるため「間接的差別」ともよばれている．特別な配慮が必要となろう．

民法上の要件

　日本のように，社会保障は世帯（家族）を基本的な単位としている場合があ

る．その際，民法上の関係が社会保障にどう影響するかが問題となる．遺族給付であれば，妻，子が受給者となるが，民法上の妻のみ該当するのか，事実婚も該当するのか．子として認知されていない場合は，受給権が認められるのか．規定によって運用が違ってくる．

　一般の所得保障給付，たとえば，失業給付，年金，傷病手当，家族給付などにおいて，家族への付加給付が組み込まれている場合も少なくない．その際も，同居していればよいのか，家族として民法上の証明が必要なのか，所得制限があるかなど，重要な問題となる．

所得条件

　社会保障制度のなかには，所得条件が設定されている制度がある．最高所得額を越えている年収がある場合は，受給権を認められない．日本の児童手当もこれに該当する．遺族給付では，特定年収を越えると扶養関係として認められず，自立した関係と捉えられるため，遺族給付が適用されなくなる．

　健康保険などにおいても扶養されている家族であれば，主たる家計支持者の健康保険の被保険者になるが，被扶養者が労働し年収上限を越え，扶養関係と認められないと家族と関係なく，別途健康保険に加入しなければならない．

第 2 部 社会保障各論（現状編）

　　第2部では，社会保障を構成する各種制度を個別の制度ごとに詳しく検討していく．各制度は等しく社会保障制度に組みこまれてはいるが，基本的な性格から具体的な機能，制度運営方法まで内容を異にしている．各制度には制度なりの特殊性がある．やはり，制度ごとの分析が不可欠となる．

　　社会保障各論として，老齢年金，医療，雇用保険，労災補償，家族給付，介護保険，遺族給付，障害給付，公的扶助，社会福祉制度という日本に現存する社会保障制度を取り上げる．さらに，日本にはないが特定国で施行されている社会保障制度，社会保障から外れるが周辺領域の関連制度，私的保険制度なども個別に紹介する．

第10回 老 齢 (1)

　人は誰でも年をとる．すべての人が，いずれかは「老齢」というリスクに至る．高齢に至る以前に亡くなる場合も，遺族給付や障害給付のいずれかのリスクに遭遇することもある．老齢，遺族，障害という3つのリスクに対応する制度として年金制度がある．社会保障の各論の最初の制度として，最大規模の財政を要する老齢年金を取り上げよう．

1．老齢年金の概念

「老齢」という社会的リスク

　社会保障の各制度は，特定の社会的リスクへの対応として制度化されてきた．さて，老齢年金における社会的リスクとは何であろうか．「老齢 (old age)」そのものである．だが，年をとること自体は，果たしてリスクなのだろうか．年をとっても，お金さえあれば何も困らないかもしれない．他の社会保障制度と異なり，「老齢」というリスクを明確に認識することは困難であろう．

　本来は，老齢によって労働が不可能となり，その結果として所得を喪失することが，社会的リスクとみなされるところである．ところが，実際には，老齢になっても労働が不可能となる年齢は一律ではない．個人差がある上，産業や

78

職種によってもかなり状況が異なる．たとえば，労働内容が厳しい肉体的な労働であれば，そう高い年齢までは働けないであろう．他方，管理職のホワイトカラーであれば，比較的高齢まで仕事に従事できるかもしれない．

　老齢になっても必ずしも所得を喪失するとは限らない．大企業の会長や役員職で70歳代や80歳代の人も稀ではない．老齢年金のリスクを退職や労働能力喪失，あるいは，所得喪失などと関連させて一律に条件づけることは困難である．公平性の観点から皆が納得できる客観的な運用方法は確定できない．したがって，元に戻って，老齢年金の社会的なリスクとは単に老齢，つまり，特定年齢に達することとすることが選ばれた次第である．

退職年金と老齢年金

　退職年金の概念を採用し，退職を受給資格要件とする場合がある．つまり，退職しないと年金がもらえないように設計された．年をとることがリスクではなく，定年で退職させられて所得が無くなることがリスクであると考えるものである．だが，こうすると高齢者の就業意欲はいちじるしく阻害されることにつながる可能性がある．働き続けたいが，働いて収入を得ると年金が支給停止されるのであれば，就労は諦めようとする人が出るであろう．積極的な雇用政策が標榜され，高齢者の労働力が広く社会的に活用されるべき時代であるから，年金の労働へのマイナスの影響は回避すべきであろう．

　そこで，一律，年齢のみによって支給開始が認められる老齢年金が定着していった．正規の年金支給開始年齢が定められ，早期支給開始には減額措置を，繰り延べ支給には増額措置を認め，各人のニーズに応じた運用が認められることが一般的である．

　さらに，日本では在職老齢年金も制度化され，就労を続けながらも特定の条件のもとで年金の支給が認められる方法が導入されていった．そこでは，年齢と所得額に応じて年金が調整される．就労と年金受給の関係は各国によって異なる．労働報酬と年金の併給が問題なく認められる国も多い．ただし，併給が

認められたとしても，完全な退職を選択する高齢者が欧州では多い．老後の余暇生活を楽しむためであろう．

2．年金の財政

最大の経済制度

　年金とは，最大の所得移転制度である．社会保険制度としては，保険料総額でみても支給総額でみても，これほど多額の資金が集められ，動かされる制度は他にはない．すべての国民が 20 歳から強制的に国民年金が適用され，すべての労働者が職域の公的年金の保険料を毎月徴収されるのであるから，国全体では莫大な金額を動かす経済制度となる．保険料の一部は積み立てられ，通常であれば 60 歳まで，実に約 40 年間も休みなく運用に回されるのであるから，他のどんな金融制度よりも大規模といえよう．

　さて，その最大の経済制度が徴収した多額の保険料収入をどのように運用させるか，国民経済のレベルで非常に重要な問題となる．年金の財政方式には 2 つのやり方がある．後述のとおり，積立方式と賦課方式である．どちらの方法も一長一短であり，経済情勢に応じて議論がくり返されている．

財　源

　老齢年金の財源は，主として保険料と税によるのが一般的である．国によって，また，制度によっては全額国庫（税）によって賄われる場合もある．北欧諸国の基礎年金部分がこれに該当する．多くの国々では，公的年金の財源は主として保険料によって賄われている．また，社会保険の保険料に加えて公的負担が加えられる場合が多い．公費としては，国と地方自治体によって負担を分担する場合もある．

　国によっては財源の基本的な部分は保険料をあてて，無年金者や低額年金者のための福祉的年金などの部分のみ公的資金を供出する国々もある．さらに，

保険料に関しても，所得比例で定率保険料を課す場合と定額の場合がある．低所得者などには，保険料が減額されたり，免除される場合もある．

　年金の場合，巨額の資金を長年にわたり運用するため，積み立て部分に関しては運用益が計上され，財源の一部として活用されることになる．投資による経済効果も上がる．

積立方式

　歴史的にみれば，初期の年金はすべて積立方式であった．簡単にいえば，一般の貯金制度と同じであり，就労期間中の年金拠出を貯蓄していき，その原資をもとにして老後は年金を支給していくものである．非常にわかりやすく戦前まではほとんどの国々で，積立方式を採用してきた．ところが，この方法に大きな欠陥があることがわかった．

　戦後の持続的な超高率のインフレによって，過去の積み立ての実質価値はいちじるしく侵食されてしまった．過去に長年にわたって積み立ててきたお金が，一瞬にして価値を失ってしまったのである．老齢年金とは通常60年間以上にわたる長期の契約であり，将来の給付水準の実質価値を保障することは，きわめて難しいことである．このインフレに弱いという欠点があるため，戦後の高度経済成長期のインフレ基調もあって，各国はこぞって積立方式を改め賦課方式に変えていった．

　ところが，賦課方式が後述のとおり，人口高齢化の衝撃をまともにうけることがわかり，最近は再度，積立方式への復帰が一部で主張されてきている．つまり，積立方式の場合，自己の年金原資を自分で積み立てるのであるから，人口構成の変化にはまったく影響されないことになる．人口高齢化がピークを迎える時期を控えて，年金原資の運用に際して積立比率を増やしていくことが高齢化の衝撃を少なくする方法のひとつとなりえる．

　積立方式を強調するもうひとつの意味は，経済の活性化である．長期不況局面で積立基金が形成されるということは，莫大な資金の運用が必要になる．他

方，賦課方式においてはプールされる基金がないので，投資効果は期待できない．膨大な基金が多方面に投資されることにより，貸し渋りが横行し金融活動が停滞している時期では，市場経済の活性化への起爆剤となる可能性もある．経済政策としての必要性から，年金の積立方式が要請されている．

賦課方式

　戦後のインフレに対処するために考案されたのが，賦課方式である．今現在の現役労働者の年金拠出は，即，現在の年金受給者の年金給付として振り分けられていくやり方である．つまり，現在の高齢者の年金は現在の現役労働者が負担し，その現役労働者が高齢者になった時には，彼らの子どもや孫の世代が年金を負担する．年金とは世代間の所得移転の制度を意味し，世代間の連帯と契約に基づいて成立する制度となる．

　賦課方式では積立基金が準備されないため，時間の経過による実質価値の目減りはゼロとなる．したがって，インフレの影響はまったくないことになる．戦後はこの方法が各国で採用されていった．積立方式の欠陥を賦課方式が克服したといえる．賦課方式は戦後各国で採用され，順調に推移していた．

　ところが，賦課方式にも大きな欠陥があった．現役労働者（拠出者）と年金受給者（受益者）とのバランスの変化に直接影響されることである．少子高齢化により，受益者が増え，拠出者が減るため，負担率を引き上げざるをえない．以前は6人の現役労働者の拠出で1人の高齢者の年金を賄っていたのが，5人で1人，4人で1人，……そして現時点では2～3人で1人の年金を賄うことになった．したがって，現役労働者1人あたりの負担すべき年金拠出額が増加する．世代間の利害が明白に異なってくると，賦課方式は国民の広い支持をうけにくくなった．特に，不利益が予想される若者世代からは，当然ながら反発が強まった．賦課方式への反対が主張された．

修正賦課方式

　実際には，積立方式か賦課方式かといった二者択一の関係にはなく，どちらに重点を置くかという選択となる．つまり，賦課方式に従って拠出金すべてを年金給付に移転させるのではなく，一部の保険料で準備基金を構築しながら大部分の保険料は賦課方式を維持するやり方である．現在の問題は，どの程度を基金に積み立てるかという問題になる．高齢化のインパクトが大きい時には，徐々に積立比率を増やしていき高齢化に対応し，逆にインフレ傾向が顕著になれば賦課方式を強化すべきとの主張が多くなる．

　問題は，年金の財政方式は急には変えられないことである．たとえば賦課方式から積立方式に変えるにしても，十分な積立金を準備するには約30年間を必要とするといわれている．既に賦課方式のもとで長年加入し今後受給開始となる人の年金原資はどこにもない．当面，不払いとなる恐れがある．また，世代間の契約を一度解除すると，再構築は困難である．年金財政は，長期的な視野で運営されなければならない．急な変更はさらなる混乱を招く可能性がある．

３．年金制度の基本構造

年金制度の分立

　各国とも多様な年金制度がある．多くの場合，職域別に年金制度が組織化された．一般的には，公務員年金があり，民間賃金労働者の年金があり，さらに，自営業者の年金の３つの柱に分かれる．国によって，さらに細かく公営企業職員，船員，農業従事者等々特定の職業ごとに別個の年金が制度化されている場合も多い．電力，ガス，鉄道のように，国営企業が独自の年金制度をもつ国も少なくない．

　逆に，国によっては老齢年金を一本化している国もある．「国民年金（National Pension）」，あるいは，「社会年金（Social Pension）」の名称で全国民に一本化された年金が適用されている国もある．また，イギリスのように，年金だ

けでなく医療保険や失業保険などのその他の社会保険とセットで国民保険としている場合もある.

　現在では，各国とも年金は複層化しており，一階部分の基本的な年金のみが全国民に適用される年金となっていて，二階以上は職域ごとに，あるいは，個人レベルでの適用となる構造が多くの国で採用されている. 企業や産業レベルの年金，さらに個人加入の年金もあり，国によって各年金の運営方法も異なる.

制度間格差

　日本の年金制度は，職域によって分断されてきた. 民間サラリーマンが加入する厚生年金のほか，自営業者が主に加入する国民年金，公務員の場合は地方公務員共済組合と国家公務員共済組合があり，さらに，船員保険や私立学校教職員共済組合，農林漁業団体職員共済組合などがあった. 被用者が加入する年金制度は，近年の改革で厚生年金に一本化された. 問題なのは，各種年金制度の設立経緯や財政状況がそれぞれかなり異なることである. そのため，新たな制度では，厚生年金給付に加えて，旧制度の独自給付部分が別途運営されることになった.

　国民年金は地域加入を原則とし，定額拠出で定額給付となっている. 他方，その他の職域年金はすべて職域加入で所得比例の拠出と給付となっている. サラリーマンは国民年金と厚生年金を併給できるのに対して，自営業者は国民年金のみの適用である. サラリーマンの妻は保険料を負担せずに国民年金が受給できるが，自営業者の妻は保険料を払わないと国民年金も支給されない. さらに，大企業を中心にサラリーマンの多くは企業年金もある.

　国民年金の主たる対象である自営業者は，さまざまな職業従事者が含まれている. 弁護士や個人の開業医も自営業に属する. 彼らの年金が国民年金だけというのは手薄すぎる. そこで，任意加入の国民年金基金が創設された. これも定額拠出・定額給付を原則として，一階の国民年金に上乗せされる二階部分を構成する. 自営業者間でも格差が生じている.

年金給付

　年金の受給要件を満たした場合，年金給付が支給される．年金給付は公的年金の場合は，終身年金となる．本人が死亡するまで支給が維持される．本人が死亡した後は，通常，遺族が存在すれば遺族年金となる．遺族年金の支給額は国により，制度によって異なるが，一般に減額される．被保険者が障害者となった場合は，障害年金（障害基礎年金，障害厚生年金）が適用可能となる．

　年金支給額は，通常，物価に応じてスライドされ，実質価値が維持されるのが基本となる．ただし，日本も含め，人口構成の変化や経済情勢に応じて年金支給額が調整される仕組みが多くの国々で導入されている．実際には，近年は人口高齢化が進行し，経済が低調なため，年金支給額が削減されつつある．

第11回 老 齢 (2)
日本の老齢年金

　ここでは，日本の老齢年金制度に焦点を絞って，老齢年金制度を具体的に明らかにする．日本を代表する国民年金と厚生年金を取り上げる．そして日本の老齢年金の課題についても言及していこう．

1．国民年金（老齢基礎年金）

成立の経緯

　日本の年金制度は職域を中心に制度化されていった．まず，公務員や民間被用者の年金制度が確立されていった．1950年代後半時点で，まだ適用対象に含まれていなかった自営業者や農林漁業従事者などのすべての人を対象とした国民年金が1961年に導入された．強制適用から除外されていた専業主婦にも一時期，国民年金への任意加入が認められていたが，実際の適用は低調であった．

　厚生年金をはじめ他の職域での所得比例の年金制度は，1985年改正で定額部分と所得比例部分に二分割され，定額部分が基礎年金として国民年金に一本化された．そして，もう一方の所得比例部分のみが，新たな厚生年金やその他の職域年金となった．この段階で国民年金は「基礎年金」の名のもとにすべて

の居住者に適用される共通する制度になった.

さらに，2015年の被用者年金一元化法により，国家公務員共済組合，地方公務員共済組合，私立学校教職員共済の年金が厚生年金に統合され一本化された.

適用対象

国民年金は，老齢基礎年金，遺族基礎年金，障害基礎年金の３つの給付から成る．ここでは，老齢基礎年金について論じる．他２つの遺族基礎年金と障害基礎年金については後の回で触れる.

国民年金の被保険者は，年齢が20歳以上で60歳未満の者である．また，立場に応じて３つの種類に区別される．厚生年金の被保険者が第２号被保険者とされる．第２号被保険者の被扶養配偶者（サラリーマンの妻など）で20歳以上60歳未満の者が第３号被保険者となる．そして，第２号，第３号の被保険者以外の日本国内に居住する20歳以上60歳未満の人すべてが第１号被保険者となる．自営業者をはじめ，農林漁業従事者，無業者，その他の者も含まれる.

免除・猶予措置

国民年金は強制適用の年金制度ではあるが，家庭の事情などの理由により保険料を負担できない場合を想定して，保険料の猶予と免除の措置が講じられている．まず，免除には法定免除と申請免除の２種類がある.

法定免除は障害基礎年金や障害厚生年金などの障害給付をうけることができる場合や生活保護による援助をうけることができる場合で，届出をすれば全額免除が認められる.

申請免除は，保険料の納付がいちじるしく困難であるが法定免除には該当しない場合に，申請に基づいて承認されれば免除される．全額免除のほかに，４分の３免除，２分の１免除，４分の１免除がある.

保険料の免除をうけた者は10年以内に保険料の免除分合計を支払えば，満

額の年金支給が可能となる．また，免除期間は受給資格期間に算入が認められる．年金額の算定に当たっては，全額免除の期間は2分の1，4分の3免除の場合は8分の5，2分の1免除の場合は4分の3，4分の1免除の場合は8分の7が保険料納付期間に算入される規定となっている．

　他方，免除には該当しない場合でも，20歳から50歳未満で本人と配偶者の前年度所得が一定額以下であれば，保険料の猶予が認められる．猶予された期間は，年金の受給資格期間には算入されるが，年金支給額には反映されない．また，学生の場合，申請による在学中の保険料納付が猶予される学生納付特例制度が別途準備されている．ここでも猶予期間は年金支給額の対象には含まれない．

保険料と給付

　保険料は2022年現在，月額16,590円で定額である．2004年改革により毎年280円ずつ引き上げられ，2017年以降16,900円で固定される予定であったが若干変更された．所得にかかわりなく，20歳の学生も60歳の勤労者も同じ保険料額となる．保険料は経済情勢に応じて改定されることもある．

　老齢基礎年金の支給額は，満額年金の場合で2022年現在は，一律に年額777,792円（月あたり64,816円）の定額である．これはあくまで40年間の保険料を完納した場合の金額である．保険料未納期間や保険料免除期間があれば，予め設定された計算方法に基づき，当該期間に応じて減額される．ただし，出生年に応じて経過措置もある．年金額は，基本的には物価スライドされて改定されていく．

　老齢基礎年金は，原則として被保険者期間が25年以上ある者で，65歳に到達した場合に支給される規定であったが，2017年より被保険者期間は10年間に短縮された．国際的には，まだ長い期間とみなされる．

　支給開始年齢は男女ともに65歳からであるが，60歳まで繰り上げが，75歳まで繰り下げ支給も認められている．繰り上げでは正規支給開始年齢より1月

早く受給開始するごとに0.4%減額されて支給される．逆に繰り下げでは，1ヶ月支給開始を遅らせるごとに0.7％増額される．つまり，65歳で100％の支給が，60歳で76％支給，70歳で142％，75歳で184％の支給率となる．個人で選択できる．

財　政

　国民年金の財源は，主に保険料と国庫による．2004年の改正によって，国庫が国民年金給付費の2分の1を支出することになった．これ以前には国庫負担は給付費の3分の1相当であった．2012年の消費税率の引き上げによる増税分を国庫負担の増額にあてることになった．

　残りの国民年金の財源の半分は保険料を中心に賄われることになる．国民年金の保険料は，第1号被保険者の場合，直接徴収される．第2号のサラリーマンの場合は，厚生年金の保険料のなかから国民年金の保険料が拠出される．第3号のサラリーマンの妻などの場合は，保険料は直接徴収されない．

2．老齢厚生年金

成立経緯

　1941年，男性工場労働者を対象として，労働者年金保険法が制定された．公務員の年金はこれ以前から実施されていた．1944年には，事務職員や女性にも適用対象が拡大され，厚生年金として統合された．以後，適用対象の拡大と給付水準の引き上げが繰り返された．1985年の年金改革により，厚生年金は定額部分と所得比例部分に分割された．定額部分は国民年金に統合され，所得比例部分が新たな厚生年金となっていった．

適用対象

　民間事業所で常時5人以上の従業員を雇用する事業所は，厚生年金が強制適

用される．強制適用の対象外の事業所でも，従業員の過半数の同意を得て厚生労働大臣の認可をうければ任意適用事業所となる．適用事業所で使用される70歳未満の従業員すべてが被保険者となり，拠出義務を負う．70歳で年金受給資格を満たさない者を対象とした高齢任意加入被保険者なども認められている．

　近年，非正規労働者の拡大に伴い，政府は厚生年金の適用拡大を進めようとしている．これまで厚生年金の適用には，通常の労働時間が正社員の4分の3以上，年収130万円以上の条件が設定されていたが，次第に緩和されつつある．労働時間に関しては週20時間以上となり，収入についても年収106万円以上に変更された．しかも，この法改正が適用される対象も，当初従業員501人以上の企業であったのが，2020年に101人以上の企業となり，2024年以降には51人以上の企業が適用対象となる予定である．

　加入手続きが本人任せの国民年金の対象者を厚生年金に組み入れることは，年金制度全体にとって安定した年金制度に向けて好材料である．未納・未加入者の減少にも貢献する．該当者は，将来の年金支給額も高くなり安定する．

年金給付

　老齢厚生年金の報酬比例部分の支給額は，標準報酬月額と被保険者期間と物価スライド率と各種係数に基づいて決定される．60歳支給の特別支給の老齢厚生年金の場合は，報酬比例部分のほかに，定額部分と加給年金が経過的に支給される．定額部分は，被保険者期間と生年月日に応じた率から決定される．2022年現在の加給年金額としては，配偶者に223,800円，子どもは第1子と第2子が223,800円，第3子以降が1人74,600円支給される．

　65歳が正規の年金支給開始年齢となったが，現在はまだ移行期間であり経過措置として60歳から特別支給の老齢厚生年金が支給可能である．65歳に達すると，老齢基礎年金と老齢厚生年金が支給開始される．

　各人の就労や健康などの状況に応じて，年金の支給開始は選択することがで

きる．繰り上げ受給は60歳から，繰り下げ受給は70歳まで認められたが，2022年からは75歳まで選択可能となった．繰り上げの場合は1月早く受給開始するごとに支給率が0.4％減額される．他方，繰り下げ受給では，1月遅らせるごとに0.7％増額される．この措置は国民年金と同様である．

財　政

　厚生年金の財源は主に保険料によって賄われている．厚生年金の運営に関しては，国庫負担は提供されない．高齢化の影響で，当面，年金支給総額は増え続け，財政難が続くものと予想される．

　保険料率は現在18.30％で，労使折半となっている．各人の標準報酬月額に保険料比率を乗じた額を，被用者本人と会社で二分割することになる．2003年の総報酬制の導入により，ボーナスからも保険料が徴収されることになった．2004年改革により，以後の保険料率は毎年0.354％ずつ引き上げられていき，2017年9月に18.30％で固定された．

　サラリーマンの妻などは第3号被保険者となり，保険料の負担はない．主婦などが就労し，特定条件を満たすと（後述），第2号被保険者となり，配偶者とは別に自分の厚生年金に加入しなければならなくなる．これにより新たな保険料負担となるが，将来に主婦の厚生年金も受給できるため，老後の保障改善につながる．

　人口減少の流れに加えて，就業形態の多様化により厚生年金の適用されない非正規労働者の拡大により，厚生年金の対象は減少していくものと予測され，このことは財政運営にも影響するであろう．そこで，厚生年金適用の条件が緩和されてきている次第である．女性の労働力化や厚生年金の適用は，年金財政にとっては好都合な材料となる．

在職老齢年金

　老齢年金は年齢が65歳になることで受給権が発生する．かつての退職年金

とは異なり，退職を受給要件とはしていない．しかしながら，労働しながら年金を受給する際は，以下に述べるような調整が行われる．つまり，総報酬と年金の合計が月47万円以下の場合は，調整されずに年金も満額支給される．月47万円を超える場合は，報酬の増加2に対して，年金が1支給停止される．

当初，年齢が60歳から64歳までの層と65歳以上の層とで異なる規定が適用されており，60歳代前半層でより支給停止条件が厳しく，報酬28万円から支給停止が始められた．高齢化社会にあって，高齢者の雇用促進が進められるなか，この規定は高齢者雇用を抑制する効果があり，批判の対象となっており，今回の改正に至った．

老齢年金のリスクは高齢になることであると説明した．就労するかしないか，その報酬が高いか低いかで，年金支給が変わるようでは，本来の老齢年金の意味から逸脱する．欧州諸国でも，社会保障制度の併給は禁止であるが，賃金と社会保障給付の併給は可能な国が多い．つまり，就労にかかわらず，年金は全額支給される．

3. 日本の年金の課題

日本も例外に漏れず，年金制度に関しては多くの問題を抱えている．代表的な課題をここで整理してみよう．第1に，人口高齢化の速度が速いことで，世代間の利害対立が顕著なことが課題である．対策はあるが，実現可能性を含めて決定的ではない．多くの国で実施されているように，年金支給開始年齢の繰り下げが単純で有効な対応のひとつといえよう．

第2に財源論がある．2004年改革で，国民年金の財源としての国庫負担割合が3分の1から2分の1に引き上げられた．この負担増分をどう確保するかが大きな課題であったが，ようやく消費税の引き上げで対応した．

他方，年金の税財源化の主張もある．未納・未加入者の拡大への対応として，税財源化は解決策にもなる．国民年金も厚生年金も保険料が毎年引き上げられ

てきたが，それでもまだ不足が予想される．新たな財源に関する議論が今後も続くであろう．

　第3に，サラリーマンの妻の年金，いわゆる「第3号被保険者」をめぐる取り扱いが混乱している．専業主婦の年金資格変更手続き上の問題で政府の救済策に不適切な対応があり，非難を浴びた．場当たり主義的な対応ではなく，主婦の年金をどうするべきか，合意形成が必要だ．また，パート労働者への厚生年金の適用についても，適用対象が拡大されたが，最終決着とはなっていない．

　第4に，古くからいわれてきた年金制度間格差の問題がある．自営業者とサラリーマンの間の格差に大きな変更はない．国民年金基金の活用が自営業者の2つ目の年金となるが，まだ適用は低調である．年金の厚生年金の一元化が成立したが，格差構造は温存されている．

　最後に，年金はもらえても，生活保護基準より少ない僅少額しか受給できない高齢者が少なくない．特定国で実施されている最低保証年金のような制度の導入が検討される可能性がある．現在のように未納，未加入者が増え，非正規雇用が増えるとこの問題はさらに深刻度を増す．

^第12_回　遺　族

　老齢年金の被保険者が，老齢年金の受給以前，もしくは受給開始後に死亡した場合が，遺族給付のリスクの対象となる．被保険者に経済的に扶養されていた遺族の所得が喪失することになる．ただし，被保険者本人は経済的保障が不要となり，被保険者に扶養されていた家族の生活の保障が目的となる．ここでは，被保険者とその遺族の間での扶養関係が前提となる．

1．遺族給付の意義

遺族とは誰か？

　まず，「遺族」の定義が問題になる．遺族とは誰か．ここでは，世間一般でいうところの「遺族」と社会保障給付の受給対象としての「遺族」とでは概念が異なることを注意されたい．遺族給付が支給される「遺族」の範囲は，国によって，また，制度によっても異なる．真っ先に，配偶者や子どもが想定されるが，そのほかにも被保険者の親や兄弟などが含まれるのか．扶養関係が重視されるのか．経済的自立性をどうみるのか．民法上の家族関係はどう扱われるのか．実際の具体的な運用を想定すると，遺族給付の適用に際していろいろな条件がある．

　配偶者といっても，夫が死亡した時の妻も妻が死亡した時の夫も同様の権利が認められるのかが問題となろう．つまり，男女平等待遇が遺族給付制度においても守られているのかという論点がある．妻が家計を支え，夫が家事，育児に従事していた世帯で，妻の死亡の際に，逆の場合と同様の条件で夫に遺族給付が支給されるか．何らかの差があれば，これは男性への差別待遇ということになる．

　扶養関係を前提とするならば，具体的にはどのような基準や条件があるのか．経済的な自立が配慮されるとすれば，所得制限を設けているのか．つまり，特定水準以上の所得のある配偶者や子どもなどは受給権を失うのかが問題となる．

　「妻」といっても，婚姻関係にない内縁の妻には遺族給付が適用されるのかが問題となる．日本では民法の優位の原則があり，婚姻上の妻が受給することになる．事実婚の妻は遺族給付の受給権の認定が問題になる．先進諸国では，事実婚も認め，遺族給付の受給は広く認められている．また，離婚した前妻にも現在の妻にも婚姻期間に応じて遺族給付は分割される場合もある．子どもの場合も，日本では年齢や収入，両親の婚姻関係や本人の婚姻関係なども受給要件として配慮されることになる．

遺族給付とは？

　世帯主が何らかの理由で死亡した場合，通常は残された遺族は経済的な困難に直面する．ここで，遺族給付の社会的リスクは，配偶者の死となる．まず，世帯主がサラリーマンであれば，給与所得がなくなる．妻や子どもなどが夫に扶養されていた場合であれば，夫の死亡は家族全体にとって大きな痛手である．明日から収入はなくなり，生活できなくなる．だが，遺族である妻や子らがそれぞれ就労していて所得が十分あれば，扶養者の死は生活上の困難を伴わない．従って，遺族給付も支給されないことになる．

　遺族給付とは，配偶者や子，親などの亡くなった人に扶養されていた遺族に対して経済的な保障をする制度である．大事なことは，遺族給付の前提として

亡くなった人と残された遺族との間の扶養関係である．遺族給付は，この扶養義務関係を亡くなった者に代わって引き継ぐ意味をもつ．逆に，もともと扶養関係にない自立した家族は対象外となる．

　日本では，そもそも専業主婦に独自の年金権が確立されていなかったことが大きな問題であった．1985 年の基礎年金の導入によって，ようやく専業主婦も自分の年金権を与えられた．だが，基礎年金以上の二階部分，三階部分の年金については，専業主婦は夫に従属的に位置づけられ，遺族年金が重要な存在となっている．

遺族給付のない北欧

　北欧諸国には，遺族給付制度がない．これは遅れているからではなく，おそらくこの制度自体の問題を既に解決しているからであろう．北欧では，基本的な年金（名称は国によって異なる）が，就労や所得，婚姻関係，性別などに関係なく，すべての市民に対し一律に保障されている．夫が生きていようが，死んでいようが，家族の状況に関係なく妻の年金権が個人単位で確立されている．妻も年金制度上では自立しており，夫の死亡には左右されないのである．

　北欧諸国では，社会保障は主に税金によって財源を確保され，福祉的な運用が展開されている．高齢者の生活を支える基礎的な年金も税財源により，すべての市民に居住要件だけで適用される．しかも，最低保障も設定されている．遺族年金を制度化しなくても問題はない．民法の婚姻関係も重視されていない．同棲者も妻とほぼ同じ権利が認められる．婚外子も遺族給付に関しては差別されない．まさに，無差別平等の普遍主義が徹底されている．

2．日本の遺族年金制度

　日本では，遺族給付制度という別個の独立した制度があるのではなく，年金制度の一環として老齢年金と障害年金と並んで遺族年金が制度化されている．

したがって，国民年金や厚生年金の年金制度ごとに遺族年金があり，給付内容もそれぞれの年金の規定による．

国民年金

国民年金の被保険者が亡くなった場合，遺族は遺族基礎年金が適用される．遺族基礎年金は，国民年金の被保険者が死亡した場合に，子をもつ配偶者と子に対して適用される．より具体的には，「死亡した者の配偶者であって，子（18 歳に達する日以後の最初の 3 月 31 日までの期間にあるか，または，20 歳未満で 1 級か 2 級の障害の状態にあり，かつ，婚姻していない子）と生計を同一にしている者」と「死亡した者の子（同上）」に適用される．ただし，子の場合，配偶者が遺族基礎年金の受給権を有する時，または生計を同じくする父か母がある時にはその間支給は停止される．

ここでは，該当する子のいない配偶者には適用されないことになる．これは，国民年金が個人単位を原則としており，たとえば自営業者の場合，夫も妻も別個に国民年金（基礎年金）に加入することになる．したがって，夫が亡くなっても妻は自分の基礎年金を保持していることを想定している．

遺族基礎年金の支給額は，2022 年現在で妻の分としては年額 777,792 円，第一子，第二子の生計を同じくする子ども 1 人につき 223,800 円が付加され，3 人目以降の子 1 人につき 74,600 円が加算される．子のみの支給の場合には，同様に 1 人目 777,792 円，2 人目 223,800 円，以後 1 人あたり 74,600 円が合算され，人数で除した額がそれぞれの子どもに均等に支給される．

国民年金の独自給付

国民年金の遺族給付（遺族基礎年金）は厚生年金に比べ低水準になるが，自営業者などの第 1 号被保険者のみを対象に限定して，国民年金の独自給付が遺族に適用される．まず，第 1 号被保険者期間が 10 年以上あり，婚姻期間も 10 年以上ある妻に対して 60 歳から 65 歳の間，夫の年金の老齢基礎年金の 4 分の 3

相当が寡婦年金として支給される.

　また,第1号被保険者期間が36月以上で,基礎年金を受給しないで死亡した場合,遺族基礎年金を受給していない遺族に対して,死亡一時金が適用される.支給額は,保険料納付期間に応じて,12万円から32万円となっている.

遺族厚生年金

　民間サラリーマンで厚生年金の被保険者が死亡した時には,遺族厚生年金が支給される.厚生年金では,「遺族」の範囲を妻,子のほか55歳以上の夫,父母,孫,祖父母も含まれる.遺族基礎年金より適用対象が広範に設定されている.実際には,遺族基礎年金受給権者は遺族厚生年金と両方の年金を併給できる.遺族厚生年金の支給対象であって遺族基礎年金の対象から除外されている者は遺族厚生年金のみが支給される.

　遺族厚生年金の支給額は,報酬比例年金額の4分の3相当額である.被保険者の被保険者期間が25年に満たない場合は,25年の被保険者期間が認められ,受給額の計算が行われる.さらに,中高齢寡婦加算または経過的寡婦加算を加えた額となる.中高齢寡婦加算は年額583,400円で,夫の死亡時に40歳以上で子のない妻に40歳から65歳まで支給される.また,1956年4月1日以前生まれの妻には65歳以後,年額583,400円から2万円までの経過的寡婦加算が生年月日に応じて支給される.

併給規定

　遺族厚生年金と老齢基礎年金は併給が可能である.働く妻の場合,所得が特定水準を越えていると自立しているものとみなされ,遺族厚生年金は支給されない.現在は基準として,前年度収入が850万円以下に設定されている.この所得範囲内であれば,就労しながら遺族厚生年金は受給できる.また,妻本人が労働に従事してきて老齢厚生年金を受給できる際は,夫の遺族厚生年金と妻の老齢厚生年金は併給禁止に従い,調整されることになる.

　まず，通常の遺族厚生年金は死亡した被保険者の老齢厚生年金額の4分の3に相当する額となる．被保険者期間が25年に満たない場合は，25年で計算される．この額に配偶者が65歳までは中高年寡婦加算が，65歳以降は経過的寡婦加算が支給される．

　妻が自分の老齢厚生年金を受給できる場合，夫の遺族厚生年金との調整の対象となる．妻の老齢厚生年金が夫の遺族厚生年金より高い場合は，妻の老齢厚生年金のみの支給となる．夫の遺族厚生年金が妻の老齢厚生年金を上回る場合は，妻の老齢厚生年金が全額支給され，その後に，夫の遺族厚生年金が妻の老齢厚生年金を上回る差額分が夫の遺族厚生年金として支給される．

男性差別

　以上のように，遺族給付とは本来，専業主婦が稼ぎ手の夫を失った場合を暗黙のうちに想定しており，妻が稼ぎ手で夫が家事育児にあたるような状況は想定されていなかったのであろう．遺族基礎年金においては，適用対象は子のある妻に限定され，夫には受給の可能性が閉ざされていた．2014年の改正でようやく子のある夫にも適用が認められた．

　遺族厚生年金では，夫の支給は認められるが，支給条件に男性差別がみられる．妻には年齢制限がなく，若い妻でも遺族厚生年金の受給資格が認められるが，夫は妻の死亡時に年齢が55歳以上であった場合のみ支給され，しかも，60歳になると支給停止となるきわめて限られた制度となっている．男女平等の原則からいちじるしくかけ離れた制度運営である．女性優遇，男性差別の制度は，日本では珍しいといえよう．

　こうした男性差別は，年金制度における男性優位を背景にしていたと思われる．つまり，職業に就きやすい男性が年金制度においてもより重い権利を認められてきたため，逆に遺族給付は女性に手厚くすることである種の均衡を図っていたともいえよう．今後の女性労働力化が進行する社会を想定すれば，こうした男性差別も取り除かれるべきであろう．

婚姻関係

　日本では，社会保障法は民法に従属する形となっている．遺族年金が支給されるのは，当然ながら残された家族である．一般的には，被保険者に扶養されていた妻や子が受給対象者となる．そこで，「妻」とは，一般に婚姻関係にある民法に定める「妻」ということになる．たとえば，かつて長年連れ添った妻であっても，離婚してしまえば，受給権は認められなかった．逆に，再婚したての夫が死亡すれば，遺族年金は全額新しい妻に支給された．つまり，日本の社会保障法では，過去の夫婦生活の実態をまったく考慮してくれなかった．

　他方，欧州の多くの国々では，遺族年金が支給される場合には，婚姻期間に応じてすべての「妻」に支給される．たとえば，前妻が30年連れ添い，再婚後10年で死亡した場合，2人の妻の婚姻期間の合計である40年を基礎にして，遺族年金の総額の40分の30が前妻へ，40分の10が後妻に支給されることになる．つまり，過去の婚姻の実績を年金の上でも考慮してくれるのである．また，民法上の妻に限定せずに，実際に共同生活を営んできた同棲者も妻と等しい権利が認められることが一般的である．

年金権の分割

　遺族年金とは別の話になるが，日本でも夫婦間の年金の権利について議論されてきた．2004年の年金改革は，女性の年金権についても改正を加えた．まず，離婚時に当事者（夫）が合意すれば，あるいは，裁判所の決定があれば，婚姻期間について厚生年金の受給権が分割できることになった．分割割合は，婚姻期間中の保険料納付期間の合計の半分を限度とする．つまり，婚姻期間中に構築した年金権は夫婦2人で共有することが認められた．逆に，婚姻期間以外の年金権は夫個人のものとなり，妻の権利は及ばないことになる．

　離婚時に限らず，第3号被保険者を有する第2号被保険者が負担した保険料は，夫婦が共同で負担したものとみなすことになった．したがって，婚姻期間中に得た年金権は夫婦で折半される．女性の年金権の一部拡大が認められたこ

とを意味する．

　離婚時に被保険者本人である夫の合意を前提としていることがまだ問題として認識される．裁判所の決定も大きなハードルである．日本も含め，離婚率は現代社会では増加傾向にあり，離婚，再婚を繰り返す場合も増えている．関係するすべての人の年金権が平等に認められる方向が模索される．主要国では，夫の合意は必要ないと見込まれるし，婚姻期間の権利に限定されないものとなろう．

^第13_回　障　害

　障害者に関しては，各国でさまざまな現金給付や福祉サービスが施行されている．障害者福祉の詳細は，その専門の文献に譲る．ここでは，主に日本の社会保障における障害者のための各種給付の全体の構造を中心に概観する．障害関連の社会保障給付は，主に3つの系列に分類できる．第1は，社会保険の一環としての障害年金である．第2に，公費負担で特定の目的に基づいて適用される社会手当である．第3は，障害者福祉の各種サービスとなる．

1．日本の障害年金

　日本では，遺族給付と同様に，障害給付という独立した制度はなく，各職域の年金制度のひとつの給付形態として障害年金が制度化されている．以下，主要な年金である国民年金と厚生年金における障害年金の概要を紹介する．

国民年金における障害基礎年金

　国民年金の被保険者が障害者となった場合は，障害基礎年金の適用となる．現在，国民年金の被保険者である者，または60歳以上65歳未満に被保険者であった者が，障害の認定日に1級か2級の障害の状態にあり，初診日前に保険

料納付期間と免除期間の合計が全被保険者期間の3分の2以上である場合に，障害基礎年金が支給される．国民年金の適用に関しては20歳から加入義務となるが，20歳以前に障害となった場合は，すべて障害基礎年金の受給資格が認められる．

ただし，障害認定日に1級か2級と認定されなくても65歳に到達するまでにその等級に達すれば，支給対象となる．また，加入期間についても，初診日前の1年間のうち保険料滞納期間がない場合にも，支給が認められる．初診日に20歳に達していなかった者が障害を負った場合，20歳になると同時に障害基礎年金が支給可能となる．

障害年金の対象となるのは，外部障害のほか，うつ病，統合失調症，認知障害，てんかん，知的障害，発達障害などを含む精神障害，さらに，呼吸器疾患，心疾患，腎疾患，肝疾患，糖尿病，血液・造血器疾患，がんも含めた内部障害も含まれる．

障害基礎年金の支給額は，障害の程度による．2022年現在で，2級障害の場合，年額777,800円で，1級障害では972,250円と2級の1.25倍になっている．障害基礎年金の支給額は一律に定額である．被保険者期間や年齢によって変わらない．在職者の場合であっても，所得制限も設定されていない．

受給権者に扶養されている18歳未満の子（または20歳未満の障害児）がいる場合，18歳の3月31日までの間（障害1級か2級の子であれば20歳の3月31日までの間），支給額に加算される．加算額は1人目と2人目はそれぞれ223,800円，3人目以降は1人あたり74,600円となる．

なお，基礎年金が導入される以前，国民年金の加入が任意であった時代があり，その当時に国民年金未加入の人は障害基礎年金が適用されない．そこで，特別な福祉的な対応として特別障害給付金が準備された．

障害厚生年金

厚生年金の被保険者期間中に初診日のある傷病が原因で1級か2級の障害者

になった者を対象に，障害基礎年金に上乗せされるのが障害厚生年金である．また，障害基礎年金では対象外となったが，3級の障害者と認定された者も，厚生年金では支給対象に含まれており，障害厚生年金か一時金としての障害手当金が支給される．

障害手当金は，被保険者期間中に初診日があり，それから5年以内に治り，現在は一定の障害の状況にある者に支給される．障害厚生年金の支給要件などについては，障害基礎年金と同じ規定に従う．

障害厚生年金の支給額は，障害の程度に応じて異なる．まず，各人の報酬比例年金額を算出する．平均標準報酬月額に支給乗率（1,000分の5.481），被保険者期間（月数），物価スライド率の3つの数値を乗じることで，報酬比例の年金額が決定される．被保険者期間が300月に満たない場合には，一律300月として算出される．

1級障害厚生年金は，報酬比例年金額に1.25を乗じて，223,800円の加給額を加算した額となる．2級障害厚生年金は報酬比例の年金額に同額の加給額を加えた額となる．3級障害厚生年金は，報酬比例の年金額相当（最低保障583,400円）のみとなる．最後に，一時金で支給される障害手当金は，標準報酬月額に2.0を乗じて算出する（最低保障1,172,600円）．

障害年金の併給

障害基礎年金と老齢厚生年金の併給は，かつて認められていなかった．障害者でも働いている人は多い．障害をもちながら働くことを年金においても評価すべきとし，障害者の雇用推進の観点からも，障害基礎年金に加えて老齢厚生年金の併給の選択が2004年の年金改革によって可能とされた．障害者にとっては，よき動機づけになるだろう．現状では，該当者は国民年金において障害基礎年金か老齢基礎年金，厚生年金において老齢厚生年金か障害厚生年金を選択することができる．

2. 障害者への社会手当

現金給付として障害者に提供される制度としては，以上で紹介した各種年金制度の障害年金がある．その他には，社会手当の一環としても障害者関連の現金給付がある．社会手当は税金によって賄われ，受給者の拠出は求められない制度であり該当者はだれでも受給できる．さらに，生活保護のように資力調査を前提としない．障害者への社会手当には，特別障害者手当，特別児童扶養手当，障害児福祉手当，特別障害給付金がある．

特別障害者手当

在宅の重度障害者に対して，重度の障害によって生じる特別な負担を軽減させる一助として，特別障害者手当が1986年に導入された．支給額は，月額27,300円（2022年現在，以下同じ）となっている．2020年現在の受給者数は126,564人であった．この制度は20歳以上で日常生活に常時特別の介護を要するような在宅の重度障害者に対して適用される．なお，特別障害者手当は障害基礎年金と併給が認められている．

特別児童扶養手当

精神または身体に障害のある20歳未満の障害児を監護する父もしくは母を対象に，特別児童扶養手当が支給される．父母がいないか，監護していない場合には，実際に養育する者に支給される．特別児童扶養手当は当初，重度知的障害児を対象として設けられたが，次第に適用対象を拡大し，精神障害児を含め，さらに重度に加え中度の障害児（2級）も対象に含まれることになった．

支給額は，1級の重度障害児1人につき月額52,400円，2級中度の障害児1人につき34,900円となっている．支給額は物価スライド制で調整される．2020年実績では，特別児童扶養手当の受給者総数は250,434人であった．

障害児福祉手当

　20 歳未満で，精神または身体に重度の障害があり，日常生活において常時介護が必要な在宅の児童が対象となる．障害児が福祉施設に入所している場合は，支給されない．支給額は月額 14,850 円で，毎年改定される．なお，受給者本人と配偶者，扶養義務者の所得に応じて支給制限がある．2020 年で障害児童福祉手当の受給者は 63,529 人であった．

特別障害給付金

　2005 年，国民年金に未加入であったために障害基礎年金の受給資格がない人を保護するために，特別障害給付金制度が導入された．対象となるのは，1991 年 3 月以前に国民年金の任意加入の対象者であった学生と 1989 年 3 月以前に国民年金の任意加入対象者であった被用者の配偶者である．つまり，加入が強制されていない時代に障害者となった人で保護から漏れていたカテゴリーになる．なお，この時期以後は強制加入が原則となったため，未加入による無保障は保護対象となっていない．

　2022 年度の支給額は 1 級障害が月額 52,300 円，2 級障害が 41,840 円となっている．既に任意加入は終了しているので，将来はこの給付は消滅していくことになる．

3．障害者の福祉

障害者基本法

　1993 年に，日本では障害者基本法が制定され，障害者の社会参加，平等の理念，雇用に関する民間事業所の責務，公共施設における障害者への配慮などに関して新たな規制が取りまとめられた．障害者福祉の基本理念に関して，「全ての国民が，障害の有無によって分け隔てられることなく，相互に人格と個性を尊重しあいながら共生する社会を実現する」と明記している．また，同

法に従って，市町村は障害者基本計画の策定に努めなければならないとされた．

　障害者の福祉政策としては，長年にわたり知的障害，精神障害と身体障害との３区分に基づいて展開されてきた．政策の中心は在宅や施設における各種サービスの提供であるが，多岐にわたっており，全国的に統一されていないため，自治体による違いがある．

　障害者基本法で，障害者を「身体障害，知的障害，精神障害（発達障害を含む）その他の心身の機能の障害があるものであって，障害及び社会的障壁により継続的に日常生活又は社会生活に相当な制限を受ける状態にあるもの」と定義している．

障害者総合支援法

　2005 年，障害者自立支援法が成立した．障害者福祉サービスの提供者主体が市町村に一元化された．障害者福祉サービスの内容自体が体系化され，身体障害，知的障害に精神障害を含めて一本化された．また，通所施設の運営が社会福祉法人以外の組織にも開放された．さらに，就労支援や相談支援が強化された．2013 年には，名称も障害者総合支援法と改正され，障害者のニーズに応じた改正が行われた．また，利用者の１割自己負担も導入されたが，利用者の負担能力に配慮する措置も合わせて実施されることになった．

　自立支援のサービスは，自立支援給付と地域生活支援事業に二分類された．自立支援給付は，介護給付費，訓練等給付費，自立支援医療費に区別される．自立支援給付には，補装具費やサービス利用計画作成費も含まれる．

　地域生活支援事業は，相談支援，コミュニケーション支援，日常生活用具給付など，意思疎通支援を行う者の養成，障害者やその家族，地域住民などが自発的に行う活動への支援，障害者に関する理解を深める研修・啓発，成年後見制度利用支援事業など，各地域の実情に合わせた取り組みに適用される．

福祉的就労

　現金給付を提供するだけでなく，各国で多様な支援が障害者に行われている．障害者に雇用の場を提供する支援も行われている．通常では一般の雇用に敬遠されがちな障害者に，雇用機会を提供する制度もある．障害者を雇用する企業に各種補助金を提供したり，各種支援サービスを行っていることが一般的である．企業に一定比率以上の障害者の雇用を義務付ける場合もある．公務員職や公共事業などに障害者の雇用を優先的に斡旋する国もある．障害者の就労のための事業所を設立する国もある．

　障害者雇用率制度とは，企業内の特定比率以上の障害者の雇用を義務付けるものである．雇用率の水準や雇用条件などは国によって決められる．日本では，2021年から障害者の法定雇用率を2.3％とし，従業員43.5人以上の企業に適用されている．この基準を満たさない企業から納付金を徴収し，これを財源に障害者雇用を支援するための障害者雇用調整金，報奨金，他各種給付金制度が運営されている．

第14回 医療 (1)

　人であれば誰でも病気になり，怪我を負うことがある．高額な医療費がかかることもあるし，病気が長期化すれば仕事を欠勤し，所得も途絶える可能性があろう．医療保障は現代社会でも必要不可欠の制度となっている．ここでは社会保障の一環としての医療保障について概略を紹介する．まず国際的な医療保障モデルを紹介し，後に日本の医療保障を検証していく．

1．医療保障の意義

国民の健康保持

　現代社会においては，国民の健康を守ることは国家の責務である．先進諸国においては，国がすべての市民に医療サービスを提供できる手段を導入している．医療技術は進歩を続けているが，その進歩が人類のために利用されるようにならないと意味がない．

　日本国憲法においても，「すべて国民は，健康で文化的な最低限度の生活を営む権利を有する」（25条）と明記している．国は国民の健康を守るために医療供給体制を整備し，必要に応じて医療サービスを国民に提供することを保障しなければならない．その手段として日本では医療保険が制度化されている．

国によって，医療保険以外の選択肢もある．

疾病と貧困

　誰でも一度は必ず病気になる．程度の差こそあれ，医療サービスをうけない人はいない．病気になると，いろいろな問題が起こってくる．まずは経済的な問題がすぐさま訪れる．病院に行って診察をうければお金がかかる．薬が必要であれば，薬代が要る．入院にでもなれば，大変な費用がかかる．難病になれば，高額な医療費が求められる．こうした医療費の負担が病気で苦しむ家庭を直撃する．

　疾病というリスクは，非常に重要なリスクである．たとえば，現代社会においては，生活保護の受給者の多数は疾病が原因となって貧困に陥っている．疾病に陥ると，一方で医療費が必要となるし，他方で働けなくなれば所得が途絶えることになる．つまり，支出増大と収入喪失という2つのリスクが同時に発生することになる．

　他方，貧困は他の多くのリスクを誘発する．貧困により十分な栄養が補給できなかったり，十分な休養がとれなかったり，衛生状態が悪かったり，精神的にも落ち込んでいたりすると，病気はなかなか改善しにくい．一般に，貧困者ほど有病率が高いことも事実である．つまり，貧困が病気を誘発し，また，病気が貧困をもたらす．この悪循環の連鎖に入りこんでしまうと，ここから脱出することはますます困難になる．

2つのリスク

　医療保障には，2つのリスクがかかわっている．医療費の保障と所得保障である．2つの異なるリスクに対応して，一方では医療費の償還制度を整え，他方で喪失所得の保障（日本では傷病手当金）を準備する必要がある．前者は現物（医療サービス）給付であり，後者は現金給付の形をとる．2つの対策が揃ってはじめて有効に機能するのである．医療費の保障だけでは十分ではないし，所

得保障だけでも不十分である．所得保障を前提として，医療費の保障が提供されなければ，病人世帯の経済的な自立は不可能である．日本では医療保険制度がすべての国民に適用されることになっており，医療保険を通じて医療費の償還と所得保障としての傷病手当金が適用される．

2．医療費の保障形態

3つの医療保障モデル

　医療費の保障には，いくつかの方法がある．ここでは，3つの方法ごとに基本的な仕組みを紹介しよう．第1に，国営医療がある．イギリスの国民保健サービス（NHS）は有名であるが，特定の先進諸国で施行されているこの方法は，国が主に税金を財源として医療関係費を総合的に管理するものである．医療施設は公立となり，医療従事者は公務員となるのが基本である．

　第2は社会保険方式で日本もこの事例に属するが，医療保険制度を中心として医療保障を行う．保険料を中心的な財源として，これに国庫補助を加えて保険診療を施行していくやり方である．サービス提供者の報酬は保険原則に基づいて計算される．医療費の償還率は 100％ではなく，一部患者の負担となるのが一般的である．

　第3はアメリカのような自由診療制度である．医療サービスもひとつの商品と扱われる．国は医療に一切介入しないで，市場原理に委ねることになる．医療というサービスの価格も商品と同様に市場が決定することになる．開発途上国も，基本的には政府が直接介入しない場合は，自由診療のタイプに該当する．医療施設は民間であり，市民の多くは民間の医療保険に任意で加入する．

国営医療サービス

　北欧諸国をはじめ，イギリス，イタリア，カナダなどが税金に基づく国営医療保障サービスを構築している．病院などの医療施設はすべて国や自治体の公

共施設となる．医師や看護師をはじめ医療関係従事者はすべて公務員となり，その報酬は患者数や地域と関係なく基本的には公務員給与に従うことになる．財政は国が一切の責任を負う．つまり，税収に基づいた国家予算から支出し，国民の医療費としての負担はなく原則として無料化されている．すべての居住市民は，医療が保障される．経済的な理由によって医療サービスがうけられないような事態は起こらないことになる．

　ただし，最近は医療財政の逼迫によって，一部患者負担を導入している国もある．近年，受益者負担という原則は強く主張されるものであり，実際にかかった医療費のごく一部の負担，あるいは，上限付きの定額負担が課されることがある．

　医療の供給体制については，国が各地域に適正に配置する．したがって，「無医村」とか病院の都市部集中といった医療機関の地理的な偏りは起こらないことになる．医師の報酬は公務員の報酬で一般に低くなる．財政的に苦しい状況のため，医学研究費も潤沢ではない．担当する医師が指定され，診察をうけるのに待ち時間がかかり，また，最高水準の医療を個人が自由に選択してうけられないという不満も一部にあるといわれる．最近は，医療施設を患者が選べることも認められつつある．公営医療を原則としつつも，有料の民間クリニックが登場する場合もある．

社会保険方式

　主として，ドイツやフランス，オランダなどの欧州大陸諸国の多くの国々や日本などでは，社会保険方式に従って医療保険制度が運営されている．つまり，市民は社会保険への加入が義務付けられ，毎月スケジュールに従って保険料の支払いを行う．病気になった時には，医療機関で医療費のうちの患者負担分のみを負担し，残額は所属する医療保険から償還される．財源は主として保険料によるが，一部に国や地方自治体の補助金も提供される場合が多い．

　医師の報酬は，国によっていろいろな方法で決まる．基本的には，保険方式

で報酬額を決定し，保険診療に沿った報酬を設定する．日本では出来高払い制度のため，医師の行う医療サービスはすべて点数化され，多くの医療行為を施した医師ほど高所得になる．このやり方では医師の技術能力の高さを報酬に反映させることが困難であるといわれる．逆に，優秀な医師ほど保険点数が低くなり，報酬は低くなることさえ指摘されている．国によっては，地域の契約患者数の頭割りとか，疾病や治療による区分によって報酬のウエイト付けをしたり，いくつかの要因によって医師の報酬が決められる国もある．

　社会保険方式では，病院などの医療施設は人口の多い都市部に集中する傾向にあり，医療供給の偏在が問題となりやすい．無医村の問題などもあり，医療施設への国や自治体の介入が必要となる．

　国民皆保険を原則としても，実際には未納・未加入者が存在しており，医療保険の恩恵を受けられない人もいる．その場合は，医療費は全額自己負担となり，所得保障もない．

自由診療制度

　アメリカがこの典型である．アメリカには全市民に適用されるような包括的な公的医療保険制度はない．医療保障としては民間保険が中心であるが，これも当然ながら任意加入で，保険料も比較的高い．基本的には，医療サービスに関して一部の高齢者や貧困者など以外に国は介入しない．医療費は市場が決定する．良い医療は高額となり，劣悪な医療は安くなる．

　医療費の負担は自助努力に任されている．そして，医療供給側も自由にサービスの内容と条件を決められる．優秀な医師のいる医療施設には，患者も大金を払ってでもやってくるし，そのような病院にお金も集まってくる．優れた医師と潤沢な資金を結集することで，最高の医療技術が再生産されていく．アメリカが医療技術において世界で最先端を独占しているのも，ここに理由がある．

　問題は貧困者の医療である．貧困者は，民間保険にも加入していないであろうし，医療をうけられない可能性がある．アメリカでは，高齢者の医療保険制

度であるメディケアと貧困者の医療扶助にあたるメディケイドがある．それでも，やはり，貧しい人ほど医療から遠い存在であることに変わりはない．メディケイドが認められたとしても，最低限の医療しか提供されない．

オバマ大統領は選挙前の公約のひとつであった医療保障の導入に際して，すべてのアメリカ市民を対象とする包括的な公的健康保険の導入は断念し，政府の補助金を付与しつつ民間保険のすべての市民への強制加入を法制化した．しかし，この大統領の行為が大統領の権限を越えているとして憲法違反との訴えをうけて，各州の裁判所で訴訟になった．判決は裁判所によって分かれたが，最高裁の判決で合憲となり，2014 年にオバマケアとして施行された．ところが，共和党のトランプ大統領が誕生するとすぐに，オバマケア制度は廃止の危機に瀕していた．今後の展開も見通すことは難しい．

3．医療保障の課題

現代社会において，医療保障制度はどこの国でも大きな問題を抱えている．典型的な問題をここで指摘しておこう．

医療供給体制

どの医療保障システムを採用しているかによるが，医療施設の地域的な偏在が課題になる．国営医療体制であれば計画的に医療施設が配置されるが，医療保険制度の国や自由診療の国々では多かれ少なかれこの問題に直面する．人口の少ない地方でいかに医療サービスを確保するか，公的な介入が必要となろう．

施設だけでなく，人的なサービスの問題もあろう．医師や看護師などの医療従事者の不足が深刻な国も少なくない．看護師や介護福祉士は，日本でもEPA（経済連携協定）の一環として外国人の受け入れが始まっている．欧州では，人の自由移動が保障されていることもあり，医療従事者も国境を越えて移動している．医療従事者の賃金を含めた労働条件の改善も重要であろう．

　また，個人開業医院，専門病院，総合病院などの医療サービスの供給体制，配置や役割分担などの基本構造も法律によって規定される．多くの場合，総合病院が地域医療の拠点となり，その周辺に専門病院があり，さらに初期医療施設が多数存在するような重層的な医療供給体制が整備されている．

　欧米先進諸国では，一般医（General Practitioner）の果たす役割が大きい．日本には，まだこの家庭医（かかりつけ医師）のような制度は整っていない．国によっては，すべての居住者が身近に一般医と契約し，通常は家族の病気や怪我などはすべてその一般医に診察してもらい，その指示に従ってその後の治療を進めていくことになる．

財政問題

　医療保障は，いずれの国においても多かれ少なかれ問題を抱えている．問題の根源は，医療費支出の伸びである．人口高齢化により比較的医療費のかかる高年齢者の人口が増え，必然的に医療費が増加し続けている．また，人口構成にかかわらず，本来的には医療技術の向上は自然に医療費の増加をもたらすことになる．新たな薬や新しい医療技術や検査の開発により，人の寿命は伸び続けている．だが同時に長く生き続けている人は医療費をより長期に，より高額の医療サービスをうけることになる．医療費の伸びは誰も止めることができない社会現象といえよう．

　医療費の伸びにどう対処するか，各国とも苦慮している．公的補助の拡大，新たな目的税の導入，保険料引き上げ，患者自己負担の拡大などの直接的な財源の増加が見込まれる．他方，給付抑制も多くの国々で行われている．保険方式を採用する国では，保険の保障範囲を狭めたり，償還率を削減したり，抜本的な制度改革が続いている．

高齢者医療

　高齢者は主として年金を収入源とし，個人負担には限界がある．他方，高齢

者の多くは何らかの疾病（特に成人病や慢性疾患）をもち，高い医療費を必要とする割合が高い．人口高齢化もあり，高齢者全体の医療費の伸びはいちじるしい．この医療費をどのように賄うかが，各国とも大きな課題になっている．どのような医療保障システムを採用していても問題の本質は同じである．

　税の投入にせよ，医療保険からの支援にしろ，現役労働者世代からの所得移転が不可欠となる．老齢年金と同様に世代間の所得移転が医療保障でも次第に顕著になってきている．さらに，高齢者を対象にした別個の医療保険を創設するのか，一般市民の医療保険制度の延長線上で対処するのか，選択肢がある．

　また，かねてより高齢者は貧しい弱者であるとの認識を改めることも主張されている．高額所得の高齢者も増えているし，健康な高齢者も少なくない．負担できる層には自己負担を求めていくべきとの考え方である．日本も高齢者医療を別枠の保険制度にする改革を行ったが，受益と負担の側面から見直しが求められている．

医薬分業

　欧州では，医薬分業が一般的に行われている．医師は診察のみを行い治療手段としての薬剤については処方箋を出すが，薬剤を提供するのは薬剤師の仕事であり，医師や病院は薬剤を直接提供できない．また，一般の薬も医師の処方箋なしには自由に販売できなくなっている国も少なくない．多くの薬を処方した方が，医師も病院も製薬業界も儲かってしまうシステムは改善した方が良い．

　日本でも一部で医薬分業が進められているが，まだ病院で薬を出す場合も多い．医薬分業に加えて，製薬業界と厚生労働省との関係も問題視されている．薬害の問題はこれまでも後を絶たなかった．天下り先の製薬会社と利権を握っている官庁間で，癒着問題が指摘されてきた．

第15回 医療（2）日本の医療保険

前回は，医療保障の国際的なモデルをはじめとして，医療保障を取り巻く普遍的な動きについて紹介した．ここでは，日本の医療保障にフォーカスし，日本の主要な医療保険制度である健康保険と国民健康保険の概要を紹介し，最後に日本の医療保障の課題についても言及していこう．

1．日本の医療保険制度

日本は，社会保険制度によって国民の医療保障を行っている．年金制度と同様に，医療の分野でも職域によって適用制度が異なる．民間の一般サラリーマンを対象に健康保険がある．主として自営業者とその他の職域健康保険の未加入者を対象に国民健康保険がある．さらに，職域に基づいて国家公務員共済，地方公務員共済，私学共済，船員保険などが独自の医療保険として運営されてきた．

さらに，貧困世帯には生活保護のなかに医療扶助があり，無料の医療が提供される．また，乳幼児医療など自治体が行う医療費補助制度もある．公的医療を補足する民間保険も普及している．地域や職域の医療共済，生保や損保の特約で医療費保障が付保されていることも多い．

健康保険

　まず，民間の被用者の場合は，一般的には健康保険が適用される．健康保険には，さらに，中小企業を中心にした全国健康保険協会が管理する健康保険（協会けんぽ）と大企業の会社内に設立される健康保険組合（組合健保）の2つの種類に分けられる．健康保険組合の場合，単独の事業主が700人以上の従業員で1社で健保組合をつくる場合と，同種あるいは，同業の複数の企業が3,000人以上の従業員で健保組合をつくる場合とに分けられる．

　適用状況を概観してみると，まず，協会けんぽが2020年現在で加入者4,070万人，健康保険組合が2,830万人の加入者となっている．健康保険組合の数は同年，約1,400組合で減少傾向にある．

　常時5人以上の従業員を雇用する事業所は健康保険の強制適用事業所となり，従業員は強制適用被保険者となる．強制適用事業所でなくても従業員の過半数の同意をえた上で任意適用事業所となり，その従業員も任意包括被保険者になれる．また，退職者が過去2年間以上継続して被保険者であれば，退職後も任意継続被保険者となることができる退職者医療制度があったが，2006年以降は後述の前期高齢者医療制度に統合された．

　財源は保険料を主とし，国庫補助も提供される．協会けんぽの場合，保険料率は3.0％から13.0％の範囲内で決定される．2019年現在，全国平均10.0％で労使折半となっている．実際には，最高10.75％，最低9.63％となっている．国庫補助は給付費の16.4％相当となっている．

　健康保険組合の場合も3.0％から13.0％の範囲内で，保険料率は各組合が決定できる．2019年度の平均は9.218％であった．健康保険組合では，事業主の負担率を被用者より高くすることが認められている．2014年度平均では，事業主が1,000分の47.67，被保険者が1,000分の39.87となっている．国庫補助は，財政が逼迫している組合に対して定額で支給される．健康保険組合は大企業の組織であり，給与水準も一般に高いので，保険料率は低くても実際にはより高額の保険料となる場合が多い．優良企業の恵まれた財政事情を背景に，

保険料原資も企業内で有効に活用されている.

　保険給付は,療養の給付が現物給付で支給される.患者本人は,医療費の3割を自己負担とする.被扶養者についても同様の医療給付が提供される.また,療養のため就労不能となり所得が失われる場合,傷病手当金が最高1年6か月の間支給される.出産育児一時金や埋葬料なども支給対象となる.

国民健康保険

　この制度は,もともと職域の健康保険によってカバーされていなかった自営業者などの人を対象に創設された.保険者は,市町村か国民健康保険組合のいずれかとなる.国民健康保険組合は同種の自営業に従事する300人以上の被保険者によって組織されるもので,主な職種は医師,薬剤師,助産師,土木建設業,食品販売業,理容美容業,浴場業,弁護士などとなる.厚生労働省は市町村国保を原則とし,新規の国保組合を原則として認めていない.

　財源は保険料のほか,国庫補助金,都道府県と市町村の一般会計からの繰入金も加わる.公費負担は,市町村の行う国民健康保険に関しては給付費の50％相当となっている.2005年以降では,国庫負担分は41％で,都道府県が9％の負担となっている.なお,国庫負担の41％のうち32％は定率国庫負担として,残りの9％は調整交付金として傾斜配分される.さらに,9％の調整交付金のうち7％は市町村の医療支出や所得水準に基づき配分され,残りの2％は災害などの特別な事情に対応して配分される.他方,国民健康保険組合については,32％から52％の国庫補助金が提供される.

　国民健康保険の保険料は,保険者である市町村が世帯主から徴収する.国民健康保険料に代わって地方税法に基づき国民健康保険税として課すことも可能である.税の方が収納率も高いため,税方式を採用する自治体が増えている.

　保険料（税）は,所得割,資産割,被保険者均等割,世帯別平等割の4つの要素から4つ,3つ,2つの要素を取り入れて各自治体が決定する.このうち所得割と資産割は,経済的な負担能力に基づくので応能割とよばれ,被保険者

均等割と世帯別平等割は受益に対応するので応益割とよばれる.

　財源としての保険料部分に関しては，各種共同事業が行われており，そのための公費が導入されている. ひとつは高額医療費共同事業であり，1件80万円を超える高額医療費について，各自治体の国保から拠出金を形成し，都道府県単位で費用負担の調整を行っている. 国と都道府県はこの事業費のそれぞれ4分の1ずつを提供している.

　もうひとつの共同事業が保険基盤安定制度であり，低所得者の保険料軽減分について公費で補填するものである. この財源として，国が2分の1，都道府県が4分の1，市町村が4分の1を負担している.

　国民健康保健の療養費などの給付内容は，健康保険と同様で患者自己負担3割となる. ただし，傷病手当金，出産育児一時金については，各保険者の規定に基づいて施行されるが，制度化されていないこともある.

　国民健康保険は，サラリーマンの給与天引きと異なり，各自で納付しなくてはならないため保険料（税）の収納率が一般的に低い傾向にある. 現在，約90％程度で推移している. 各自治体とも財政難で苦慮している. 国民健康保険は設立当初には自営業者や農林漁業従事者が多数を占めていたが，現在では無職者や被用者（特に，非正規社員）を多く含むことになった. 定年退職者も増え，全体的に低所得者が多く，疾病率は高いのに負担能力は低く，財政的に厳しい状況にあり，赤字体質にある. ひとつの対応として，都道府県レベルでの国民健康保険の広域化が進められている.

後期高齢者医療制度

　人口の高齢化に加えて，医療技術の発展もあり，平均寿命は伸びている. 高齢者特有の慢性疾患患者も増え続けている. 高齢者の医療費は上がる一方であるが，他方で年金のみを収入源とする高齢者の負担能力には限界がある. そこで，特別に高齢者の医療費を賄う方法が必要となった. こうして1983年に老人保健制度が創設された. 創設以来，給付内容，患者負担を含む財政，適用対

象などめまぐるしく改正が続けられたが，財政難は深刻であり，抜本的な改革
が行われた．

　2008 年 4 月に，後期高齢者医療制度が施行された．対象は老人保健制度と
同様に 75 歳以上の高齢者および 65 歳から 74 歳までの一定の障害の状況にあ
る者であるが，財政構造が一変された．医療費の 1 割を自己負担とし，残りの
医療費の 5 割を公費，残りの 4 割を現役世代からの拠出によって，最後に 1 割
を高齢者の保険料で賄うことになった．公費負担に関しては，国 4：都道府県
1：市町村 1 の負担割合と定められた．

　一定の基準額より低い所得世帯には，保険料の軽減措置が講じられている．
これまでの老人保健法を引き継いで，高額医療費から高齢者を保護するために，
高齢者の自己負担には限度額を設定し，それ以上の医療費は当該制度で保障す
ることとした．だが，高齢者が年金などから強制的に一律保険料を徴収された
ことで，反発が社会全体に強まった．他方，高齢者でも現役労働者並みの所得
のある人に対しては，保険料率が 3 割とされた．

　後期高齢者医療制度では，後期高齢者医療広域連合という新たな組織が設置
され，運営主体となった．保険料の決定から保険給付事務の全般を管理し，財
政的な責任を担う．都道府県の単位で，すべての市町村が後期高齢者医療広域
連合に加入することになった．

前期高齢者医療制度

　以前は，職域での健康保険の被保険者は退職と同時に健康保険の資格を喪失
し，国民健康保険に加入することになっていた．この結果，高齢者人口の増加
をうけて，国民健康保険の受給者のなかで高齢者の占める比率が急速に高まり，
財政難が深刻になった．

　他方，後期高齢者医療制度が独立した保険制度として確立され，退職から
75 歳までの高齢者の医療保障がどう設計されるか長年の懸案であった．後期
高齢者医療制度と同時に別途，前期高齢者医療制度が導入されている．

　新制度のもとでは，65歳以上74歳以下の前期高齢者は，従来どおりの市町村国保などの医療保険に継続して所属し続けるが，財政的にはもともと所属していた医療保険との間で人数に応じて調整するものである．つまり，サラリーマンや公務員の場合，退職してももともと所属していた協会健康保険，組合健康保険，各種共済などから財源を拠出してもらうことになった．これにより従来の退職者医療制度は不要となり，廃止されることになった．

　この結果，国民健康保険の財政負担は大きく軽減されたが，その分，健康保険や共済が財政難に陥った．特に，組合健保の財政負担は厳しく，これを機に組合健保を解散し，協会けんぽに組織変更する事例が増えている．

高額療養費保障制度

　医療において，患者の高額療養費をどのように保護するかは非常に重要な問題である．特に，医療保険財政の逼迫から患者の自己負担が拡大されつつある現在は，その動向が注目される．

　患者の多額の自己負担を回避するために，高額療養費の保障制度が健康保険や国民健康保険などでこれまでも施行されてきた．この制度は2002年に大幅に改正され，その後も改正が続いている．ここでは，一般所得者と現役並み所得者と低所得者で区別している．また，70歳未満の場合，70歳以上75歳未満の場合，75歳以上の年齢層に応じて異なる金額と方法が採用されている．

　基本的には，それぞれのケースごとに自己負担に限度額を設定し，その限度額を超える医療費負担は所属する医療保険によって支出される仕組みである．限度額の設定は所得階層に応じて，また，年齢に応じて異なる．まず，70歳未満の被保険者の場合，5段階に所得階層を分け，それぞれに自己負担上限額を設定している．70歳以上の被保険者の場合，現役労働者並みの所得者，一般，低所得者の3つの段階に分け，それぞれ自己負担限度額を定めている．70歳以上で外来患者の場合は，別途自己負担上限額をより低く定めている．さらに，長期にわたって高額療養費が必要な場合は，特に自己負担を低く抑えるよ

うに上限額が設定されている.

　なお, 医療費のほかに介護保険の適用者の場合は介護保険の自己負担額もあり, 医療費と介護の限度額を合算することが認められることで, 合計の負担額は削減されることになる.

2. 日本の医療保障の課題

　前回, 医療保障の課題について述べたが, ここでは特に日本の場合にフォーカスして, 課題を指摘したい.

無医村

　日本の医療保障で深刻な問題のひとつは, 医療供給の偏在であろう. 医療施設は都市部に集中し, 過疎地では無医村が存在する. 社会保険方式に基づく診療報酬制度の結果, 病院は経営の安定化を求めれば都市部で運営される傾向にある. 人口減少地域では, 民間病院の経営が困難なため公的医療施設が赤字を公費負担で賄う形で運営されることがある.

　医師の報酬が能力や技術によってではなく, 一律に出来高払いに従って保険点数の総量によって決まってしまうことが, 問題の核心にある. 一般的な企業では, 報酬は勤続年数や技術に応じて上昇していく. ところが, 医師の場合, 勤務医は別であるが, 一般に勤続や技術とは関係なく報酬が決まってしまう. 実際には, 臨床経験の多い優秀な医師ほど保険点数は少なくなる傾向にあり, 報酬は比較的低くなりやすいともいわれる.

　また, 診療科のなかではコストパフォーマンスの良い診療科と悪い診療科がある. 最近, 少子化で子どもの数が減り, もともと比較的多くの医療スタッフを必要とする小児科医院が減少し, 小児科医も減っているといわれる. 地方都市では, 緊急医療施設に小児科医が不在で, 子どもの急患を死なせてしまったというニュースが聞かれる. これも, 社会保険方式に基づく問題点のひとつと

いえよう.

薬づけ医療

　国際比較すると，医療費全体のなかで薬剤費の占める割合が日本は極端に高くなっている．これは，日本の医師が治療にたくさんの薬を処方しているからである．日本では，医師と病院は多くの薬剤を処方する傾向にある．前述のとおり，日本ではまだ医薬分業体制が確立されていない．病院で薬を出すこともまだ一般的に行われている．

　大きな病院と契約を結べば，製薬会社にとっては安定利益の確保となるため，製薬会社の病院への働き掛けは強くなる．結果的には，日本人は大量の医薬品を消費することになる．もはや，それが慣習化している．

　薬害の問題が少なからず問題視されている．かなり治験が集積されたところで，薬剤の副作用や悪影響が発見されることがある．時すでに遅しで，かなり多くの被害者が出てしまうことが過去にあった．

保険適用の限界

　治療，療養にあたっては薬剤についても当然ながら保険の適用をうける．だが，一般的な治療とは別に，難病などに際して特別な治療を施したり，あまり使用されないような薬剤を使い，時には保険が適用されないことがある．この場合，当然全額本人負担となる．健康保険財政の悪化によって，保険の適用範囲が縮小されつつある．医薬品だけでなく，医療行為そのものも高度医療技術の進展によって，保険制度が適用しにくい場合も増えている．社会保険制度の限界がここに露呈されている．

社会的入院

　平均入院日数を国際比較すると，日本の平均入院日数は欧米に比べて突出して長い．何故，入院が長いのだろうか．その理由は，「社会的入院」にあると

いわれる．日本でいわれる「社会的入院」とは，本来ならば病院ではなく福祉
施設にいくべき人にもかかわらず，福祉施設が不足して入所できないため，病
院に入院している状態を指す．この前提には，病院がこの種の対象者を入院さ
せている実態がある．病院は経営のためには空きベッドをつくりたくない．し
たがって，本来は入院するほど重症の状態ではなくても，入院させてしまうこ
とがあるといわれる．

　このような方法によって，多くの病院でベッドが満杯になっている．場合に
よっては，緊急の患者が病院をたらい回しされ，入院することができなくなる
事件も起こっている．最近は，「社会的入院」の典型のような老人病院におい
て，不正事件も相次いでいる．こうした事態が医療財政の赤字に拍車をかけて
いる．

混合診療の拡大

　日本では，医療保険の保険診療と自由診療を併用することは禁止されてきた．
通常，保険診療の対象外の医療行為をうける場合，原則すべて自由診療となり，
全額自己負担となる．しかし，規制緩和の流れもあり，混合診療を認めようと
する意見が高まりつつある．これまでにも既に特定療養費制度によって例外的
に混合診療は認められてきた．

　さらに，2006年の医療制度改革において，保険外併用療養費制度が新たに
導入され，混合診療の対象が拡大された．具体的には，医療サービスの快適性
や利便性，医療機関の選択，医療行為の選択の３つの区分に従って，混合診療
が展開されつつある．それぞれに関して，混合診療の適用の対象が次第に拡大
されつつある．

今後の医療制度改革

　医療制度改革が現在進行中である．医療保障は構造的な問題に陥っており，
これまでも度々改正を繰り返してきたが，今後も制度の抜本的な改革に取り組

む必要がある．特に，財政問題が逼迫しており，患者負担の引き上げ，食費・居住費の見直し，高額療養費の自己負担限度額の引き上げなどの新たな財源確保や給付抑制策が強化されることは必至である．

　財政問題だけでなく，保険者の再編・統合も議論されている．かつての政府管掌健康保険は全国健康保険協会に再編された．健康保険組合は，最近の多数の解散をうけて企業や業種を超えた地域型健康保険組合の設立が構想されている．国民健康保険は市町村の運営基盤のいちじるしい相違から，都道府県単位の広域での保険運営が推進されつつある．このほかにも，診療報酬の改定から薬剤にかかわる見直しを含め，医療制度全般にわたる改革がしばらくの間続くであろう．

第16回 失業

　市民の圧倒的多数を占めるサラリーマンにとって，失業は重大なリスクである．サラリーマン本人だけでなく，扶養されている家族にとっても，所得喪失により一挙に生活困難に陥る．失業を回避させる終身雇用や労働法の解雇規制などがあるが，特に経済不況期には失業は避けられない．失業者を救済するもっとも有効な手段は，失業保険となる．国によっては，失業扶助などの制度を運営する国もある．単純そうに見える失業保険であるが，運営方法は国によって多様である．

1．失業保障の意義

unemployment と「失業」

　失業は，現代社会における非常に大きな社会問題である．まず，「失業」の定義から始めたい．もはや，いうまでもなく常識となっているように思われるが，社会保障の立場から改めて「失業」を定義すると，決して容易なものではない．

　unemployment の邦訳が「失業」であるが，あまり適訳ではないように感じている．日本語の問題ともなろうが，仕事を失うことのできるのは，仕事に従

事していた人に限定される．それでは，もともと仕事に従事していなかった人
は失業が認められるのだろうか．たとえば，学校を卒業した後で就職できなか
った人は，「失業者」とみなせるのか．日本語の意味では，一度も就職したこ
とがないのだから「失業」には該当しないことになろう．

　別の事例をあげよう．専業主婦であった婦人が，夫の死をきっかけに子ども
を抱えて生活のためには突如として労働する必要に迫られる．この際，この婦
人が求職活動の成果なく仕事に就けなかったならば，「失業者」とみなされる
であろうか．答えはノーであろう．どちらの事例も，日本では失業給付は適用
されないし，失業統計にもカウントされない可能性が高い．他方，これらの場
合も国際社会では，"unemployment" には該当するように思われる．

完全失業と部分的失業

　失業にもいろいろな形態がある．日本ではほとんど区別されておらず，「完
全失業」の概念のみが使用されている．欧州では，「部分的失業」の概念が政
策としても活用されている．「失業」の定義ともかかわってくるが，これまで
正規社員（フルタイム）であった者が，職をすべて失った場合に「失業」とみな
す．これは，「完全失業」に該当する．

　では，「部分的失業」とは何か．たとえば，これまでフルタイムで働いてき
た者がこれまでのポストを失い，パート労働に就いた場合，「部分的失業」と
みなされる．この場合は，実際には，労働時間の削減を意味する．たとえば，
以前は週 40 時間のフルタイムであったが，週 20 時間のパート労働に従事した
ならば，週 20 時間相当（50 ％）だけ失業したとみなされる．「完全失業」を回
避するために，「部分的失業」となったと理解できる．もともとパート労働者
であった者でも，週 20 時間働いていた者が何らかの理由で週 10 時間労働にな
ったら，やはり「部分的失業」（50 ％）とみなされる．

　欧州では，この「部分的失業」に関しても，失業保険給付が適用される国も
ある．失った労働時間に応じて失業給付が支給される．たとえば，労働時間が

50％削減され,「部分的失業」と認められれば,失業給付も満額の50％相当が支給される.「部分的失業」給付を準備していない国でも,「完全失業」の定義を緩やかに規定すれば,失業給付も適用される可能性がある.つまり,多少の労働に従事してある程度の収入を得ていても「失業」とみなして,失業給付をフルに適用させてしまうやり方である.

失業保険と失業扶助

　失業という社会的リスクへの対応としては,まず,失業保険(日本では「雇用保険」と称する)が準備されている.労働者自らが使用者とともに拠出金を負担して,社会保険として失業給付を準備するものである.失業保険では,一般に支給期間が制限されている.その失業保険給付を満了しても依然として失業状態にある失業者に対して,どのような保護が可能であろうか.多くの社会保障制度はリスクが存在する限り給付は続けられる.だが,失業保険ではリスクが続いても支給は規定によって停止される珍しい制度である.つまり,失業保険は,長期失業のリスクに対応していない.ただし,ベルギーのように失業保険の支給期間の制限のない国もあるが,例外的である.また,無制限ではないが,失業保険給付に延長給付が認められ,かなり長期にわたって受給継続される国もある.

　長期失業に際しては公的扶助が考えられるが,公的扶助には厳格なミーンズテストもあって,なかなか適用は難しい.日本でも,実際に生活保護制度が昨日まで失業給付を受給していた人にすぐに適用されることは困難であろう.失業期間が長期化しやすい現代では,失業保険と公的扶助の間の保障に苦慮している.失業保険の特別延長給付を創設したり,失業保険とは別枠の特別給付を導入したりしている国もある.

　国によっては,失業保険とは別個に失業扶助を制度化している.失業者を対象とした公的扶助制度である.保険とは異なり,本人の拠出は問わない.長期間の受給も可能である.財源は税金による.一般に,支給額は失業保険給付よ

130

り低く，定額の場合が多い．サラリーマンだけでなく，自営業者や農林水産業従事者などにも適用する国もある．北欧諸国をはじめ，失業保険を任意加入制度として運営し，自営業者や公務員でも希望に応じて加入が可能とされている場合もある．

2．日本の雇用保険

　失業した被保険者を対象として，失業給付が支給されることになる．日本では自営業者などは雇用保険の適用対象に含まれていないため，雇用保険は適用されない．失業給付一般に関して，重要な事項を列挙してみよう．

保険給付

　日本の失業給付は多様である．これらの給付は経済情勢に応じて改正されることが多い．まず，失業者の生活を保障するのは，求職者給付である．この他に，就職促進給付，教育訓練給付，雇用継続給付も含め，異なる目的と運営方法によって，大きく4つの給付に分けられる．

　求職者給付は，一般被保険者に対する求職者給付の他に高年齢継続被保険者，短期雇用特例被保険者，日雇労働被保険者に対する求職者給付がそれぞれ別個に準備されている．一般被保険者の場合，求職者給付の一環として，基本手当，技能修得手当，寄宿手当，傷病手当がそれぞれ利用可能である．

　就職促進給付は，再就職を促進するための政策的な給付である．再就職手当，常用就職支度金，移転費，広域求職活動費が準備されている．これらの給付は，失業者が求職者給付で生活を支えた上で，付加的に支給し再就職を援助するものである．

　さらに，1998年に新設された教育訓練給付は教育訓練の費用の80％相当（上限30万円）を支給し，再就職の可能性を広げようと施行されてきた．この制度をめぐっては，賛否両論あり，制度としてもまだ不安定である．近年は給付

内容が削減され，費用の 20 ％で上限が 10 万円とされている．

　最後に，雇用継続給付は 1994 年に導入された．高年齢雇用継続給付，介護休業給付がある．それぞれ政策的に重要で，注目されている制度である．高年齢雇用継続給付は，被保険者期間が 5 年以上ある 60 歳以上 65 歳未満の高齢労働者で，定年後の再雇用に際して賃金が 75 ％未満に下がった時，最高 15 ％までの一定の割合で給付金を支給する制度である．支給期間は 65 歳に達するまでの期間とされており，定年年齢と年金年齢が異なる日本においては，非常に重要な制度となっている．

　1998 年雇用保険改正法により介護休業給付が創設された．1999 年 4 月 1 日から施行されている．配偶者，父母，子，配偶者の父母などの家族を対象として，要介護状態にある場合，介護休業を取得した被保険者に対して，介護休業給付が支給される．介護休業期間としては，対象家族の 1 人につき 1 回，1 回は 93 日を限度とする．この給付の適用を受けるには，雇用保険の被保険者期間が 12 ヵ月間以上なければならない．支給額は，休業取得前の賃金の 67 ％相当となっている．ただし，休業期間中に給与が支払われる場合，給与額によって介護休業給付の支給額が調整される場合がある．

　1994 年の雇用保険法改正によって新設された雇用継続給付の一環として育児休業給付が導入され，1995 年 4 月 1 日より施行された．2020 年より育児休業給付は少子化対策としての重要性もあり，失業給付とは別の独立した給付として位置づけられることになった．

　1 歳未満の子を養育するために育児休業を取得した被保険者に対して，最初の 6 ヵ月間は休業前の賃金の 67 ％が育児休業給付として支給される制度である．6 ヵ月後には支給率は 50 ％に下げられる．なお，育児休業給付には上限額が設定されている．2021 年現在，当初の 6 ヵ月間では月あたり 301,902 円，その後の 6 ヵ月間には月 225,300 円が上限額となっている．

　以上，雇用保険の枠内で多様な失業給付金が創設されている．だが，その中心はやはり，求職者給付であり，生活保障という意味では基本手当がもっとも

重要である．以下では，求職者給付の基本手当を想定して，支給条件を紹介する．

適用対象

　労働者を雇用するすべての事業所に強制適用される．適用労働者は，週20時間以上労働し，同一事業所に31日以上雇用される見込みの者で，季節雇用や日雇い労働者，公務員，昼間学生でない者となる．

受給要件

　求職者給付の基本手当が支給されるためには，① ハローワークに求職申し込みをし，就職の意思と能力があり，職業に就けない状態，② 離職前の2年間に12ヵ月以上の被保険者期間があること，の条件がある．ただし，倒産や解雇などによる特定受給資格者の場合は，離職前の1年間で6ヵ月以上の被保険者期間により受給権が認められる．

支給額

　失業給付の支給額については，いくつかの考え方がある．ひとつは従前所得の特定割合を支給するものである．欧州では多くの国々がこの方法を採用している．従前所得の80％〜60％が一般的であろう．より細かくみると，算定基礎額をどうとるかが支給額に影響を及ぼす．失業直前の最終賃金にするか，もっと広い範囲で基礎額を算定するのか．たとえば，失業直前に完全失業していなくても労働時間削減を経て賃金が激減したかもしれない．そんな場合には，既に低下した後の最終所得を基礎にすると，失業給付の支給額もかなり下がることになる．

　日本では，明確に所得比例で特定比率の失業給付を保障しないが，賃金日額に応じて給付率が年代ごとに設定されている．30歳未満，30歳以上45歳未満，45歳以上60歳未満，60歳以上65歳未満，65歳以上の年代ごとに，賃金の80

％から 50 ％の間で支給される．60 歳以上 65 歳未満では，給付率が 80 ％〜45 ％に若干下げられる．賃金が低かった者ほど支給率は高くなる．なお，最低額 (2,125 円：2022 年現在）と最高額（8,355 円）が年代ごとに設定されている．

支給期間

　失業者にとって，失業給付支給期間は大きな関心事となる．すぐに再就職できれば良いが，近年は失業問題がますます深刻化し，失業期間も長期化している．近年の日本の失業率上昇によって，もともと欧米に比べれば短かった支給期間がさらに短縮化された．2000 年に改正された内容は以下のとおりである．

　まず，これまで一本化されていた失業者を一般離職者，障害などによる就職困難者，倒産・解雇などによる離職者の 3 つのカテゴリーに分割し，それぞれ異なる支給期間を定めた．一般離職者の場合は，被保険者期間が 10 年未満の者には一律 90 日間，10 年以上 20 年未満で 120 日，20 年以上で 150 日となる．

　倒産，解雇などによる離職者の場合は，特別に比較的長い期間の支給が認められるようになった．それでも，90 日から 330 日までの期間であり，被保険者期間が長いほど，また，年齢が高いほど，支給期間が僅かに長期間に設定された．ただし，年齢が 60 歳以上 65 歳未満では，若干短く設定された．

　他方，就職が困難と認められる失業者の場合は，被保険者期間が 1 年未満では一律に 150 日間の支給期間となり，1 年以上の被保険者期間がある場合には 45 歳未満で 300 日，45 歳以上 65 歳未満で 360 日の支給期間となる．

　理由により支給期間に差を設けたことが最近の改正であったが，それでも総じて支給期間は大幅に短縮されている．欧州では普通，3 年とか 5 年が一般的であり，最低でも 1 年は支給される．さらに，長期失業へのさまざまな対策が実施されている．日本の状況は，国際的にはきわめて特異といえよう．

　2009 年の改正は，臨時の失業対策として解雇などによる離職者で再就職の困難な者を対象に，特定条件下で支給期間の一律 60 日分の延長という 3 年間の暫定措置がとられた．景気変動に対応してこのような臨時の措置が講じられ

ることもある.

財　源

　雇用保険の財源は，主として保険料により，国庫からも補助されている．国庫補助は求職者給付費の4分の1，雇用継続給付の8分の1となる．保険料率については，最近の失業情勢の悪化をうけて引き上げられた.

　2022年現在の保険料率は，一般事業所の場合，事業主が1,000分の6.5，被保険者が1,000分の3で合計1,000分の9.5となる．農林業，建設業などには別途より高い保険料率が設定されている.

　日本の社会保険においては，労使折半が基本原則である．雇用保険の労使の保険料率の違いは，後述の雇用保険二事業の財源にあてられる．その分が使用者の保険料のうちの1,000分の3.5を占める．この部分を除けば，失業給付については1,000分の6で労使同率となる．雇用保険二事業は，失業者に支給されるのではなく，雇用奨励のため事業主に支給されるためこのような措置がとられた.

求職者支援制度

　長期失業者や非正規労働者が増えており，雇用保険の適用対象から排除されている失業者が拡大している．雇用保険の恩恵にあずかれない立場にあるこうした層に，職業訓練をうける機会を与え，条件に合えばその間の受講給付金を提供することで就職支援を積極的に進める求職者支援制度が，2011年に創設された．もともと日本では雇用保険でカバーされる失業者が少数であることが問題視されてきた．求職者支援制度は救済から漏れた層に働きかける画期的なアプローチであった．しかし，まだ活用は少数にとどまっている.

　職業訓練受講給付金は月額10万円，通所手当も合わせて支給される．受給要件は本人の収入が月8万円以下であること，世帯収入が月25万円以下であることなどとなっている．この制度は雇用保険の能力開発事業の一環として位

置づけられた．つまり，事業主からの二事業に対する拠出を財源としている．

雇用保険二事業

　1974 年にかつての失業保険法に代わって，雇用保険法が制定された．名称の変更だけでなく，大きな発想の転換を伴っていた．これまでの事後処理としての失業者の救済事業から，失業を未然に防ぐような積極的な雇用政策に変わった．具体的には，雇用保険四事業として雇用安定事業，雇用改善事業，能力開発事業，雇用福祉事業を創設して，失業を未然に防ぐように対象となる事業主にさまざまな支援を行うことになった．その後の度重なる改正により，現在では雇用安定事業と能力開発事業の二事業のみが運営されている．

　まず，雇用安定事業とは，景気変動や産業構造の変化によって事業を縮小する事業主に対して，失業を回避して休業，教育訓練，出向などを行った場合，その事業主に雇用調整助成金や労働移動雇用安定助成金などを支給するものである．このほか，高齢者雇用，過疎地域での雇用開発，障害者や母子家庭の母親の雇用，育児や介護を支援する事業主などに対して，各種助成金を支給するものである．

　能力開発事業は，事業主の行う職業訓練への助成，公共職業能力開発施設の充実，障害者能力開発の育成ほか，再雇用を促進させるための講習会，訓練などを支援する各種事業に対してさまざまな給付金を支給するものである．

　雇用保険二事業は，企業が受給する制度であり，企業の雇用創出を促進している．日本の雇用情勢も厳しさを増し，雇用保険も財政難に陥っている．また，「給付金行政」の弊害もしばしば指摘される．今後の動向も注目したい．

第17回　労働災害

職場で事故が発生することがある．特に産業革命以後，工場労働では製造過程での事故がよく発生した．事故の際の補償がなければ，安心して業務に就けないことになる．重症であったり，障害が残ったり，死亡する場合もある．本人だけでなく，家族の生活も保障が必要となる．現代社会では業務内容は多様化しているが，事故は常に存在する．

1．労災補償の意義

早期の成立

労災補償制度は，歴史的にみると各国とも比較的早い時期に導入されている．世界で最初のビスマルク社会保険でも同じことがいえる．健康保険がもっとも早く成立し，続いて，労災補償が導入された．これは，労災がそれだけ重要な制度とみなされているからではない．むしろ，労災に関しては合意形成が比較的容易であることが理由であろう．

社会保障制度は，通常，政労使の三者構成によって意思決定されていく．労災補償は三者ともに合意しやすい制度となっている．労働者にとっては，保険料を一切払わずに特別な補償が得られる．労災がない場合は被災者個人が使用

者を相手取って補償を求めなくてはならないため，労力を要する上，使用者責任も追及しにくい側面もある．労災では政府が客観的に認定し，補償は政府が責任をもって実行してくれる．労働者が反対する理由はない．

使用者にとっては，労災がなければ使用者の個人責任として補償に応じなければならなくなる．多額の賠償責任があれば，それは企業経営にも重大事となりうる．職場災害の度に，労働者と紛争に陥ることになり，人間関係も険悪になりがちである．労災を政府が行ってくれれば，補償はすべて政府が肩代わりしてくれる．使用者は，保険料の決められた額を支払えば良いだけである．この保険料も全企業一律に負担されるものであり，企業間競争には影響せず，企業の経営の安定にも貢献できる．社会保険の成立に際しては，通常反対に回る使用者であるが，労災に関しては賛成しやすい．

政府は産業上の平和を考慮すれば，当然ながら労災には賛成である．職場災害は産業革命以降の時代は，労使紛争の火種となっていた．企業と労働組合間で大きな事件にまで発展したこともあった．第三者である行政がこれを管轄することで，産業全体の平和と安全に貢献できるものと理解された．

社会保障制度としての労災補償

社会保障にはいろいろな制度がある．そのなかで，労災は，どのような位置を占めるのであろうか．前述のとおり，成立の時期が比較的早いが，必ずしも重要性が高いとはいえないであろう．日本では労災は雇用保険と並んで「労働保険」と称し，労働者を適用対象とする制度である．つまり，すべての国民や市民を適用対象とする年金や医療サービスなどに比べれば，労働者の職場の災害のみを扱う労働災害補償が特に重要とは思えない．

オランダでは，労災補償は労働者のみを特別に保護するものであり差別的な社会保険であるとみなし，労災補償制度を廃止している．ニュージーランドも最近になって労災を廃止した．労災が廃止されたからといって，健康保険や年金が充実していれば，それほど大きな問題とはならないはずである．保障内容

が若干減少するだけであろう.

２つのリスク

英語では，労災補償保険のことを "industrial accident insurance" という. つまり，産業上の災害を補償する保険制度を意味する. まず，労働災害といっても，異なる２つのリスクがあることに注意したい. ひとつは，一般的にイメージされるような職場における業務上の災害である. もうひとつは職業病であり，職業活動を長期間継続することで蓄積されていく疾病である.

両者の違いは，端的にいえば，怪我と病気の違いである. 民間保険でいえば，業務災害は事故による怪我を対象とするものであり，損害保険の対象であるモノ保険に属する. 他方，職業病とはひとつの病気であり，生命保険が扱う特約で保障するヒト保険に属する. 前者は瞬時に発生し，治療は比較的短期となることが多い. 後者は長期に患い，治療も時間がかかるのが一般的である. もちろん，どちらの場合も重症であれば，生涯にわたる障害者となったり，死亡する場合もある.

業務上の災害と職業病という異なるリスクは，欧州の特定国においては異なる社会保険制度として運営される場合もある. 他方，同じ労災補償制度で両者を適用対象に含める場合もある. 日本は，同じ労災保険制度で両者を扱っている.

2.　日本の労災保険

労災とは，正式には「労働者災害補償保険」と称する. 日本では，戦後の1947 年に労働基準法と同時に導入された. 大規模の職場災害にも対応できるようにする目的をもっていたとされる.

適用対象

労災の適用方法は，他の社会保障制度と異なりユニークである. 従業員を 1

人でも雇用する事業所は強制適用事業所とみなされ，その企業で働くすべての従業員が雇用形態の相違にかかわりなく労災の適用対象となる．労災は，事業所に一括して適用されるものであり，個人に適用される性格のものではない．パート労働者とか季節労働者，外国人労働者とか，雇用形態にかかわらず，すべての従業員に適用される．

　労災は「労働者」の災害を補償するものであるため，「労働者」でない事業主などは適用の対象に含まれない．事業主でも，個人の工務店や一人親方のような個人事業主は，労働者と同様に危険な仕事に従事しており，労災の危険に直面している．そこで，中小事業主，一人親方，特定作業従事者，さらに，海外派遣者も含めて，日本の労災に特別加入制度が導入された．特別加入制度は強制加入ではなく，あくまで任意で希望に応じて認められるものである．

業務災害と通勤災害

　労災は，職場における業務上災害と通勤災害とに区別される．かつては，通勤途中の災害は労災補償として扱われなかった．以前は職場における業務上の災害のみを補償の対象に限定していた．だが，現在では，通勤のため自宅を出た瞬間から職場における指揮命令関係が開始されていると理解されている．したがって，通勤途中の事故による怪我なども労災補償の対象に組み入れられ，職場の災害と同様の補償が提供されることになった．

保険財政

　労災は，原則として保険料によって賄われている．政府からの補助はごく少ない．保険料は，100％使用者負担で労働者の負担はない．保険料率は，1,000分の2.5から1,000分の89の範囲内で，業種別に，そして，企業別にメリット制に従って企業ごとに決められる．つまり，過去のリスク発生確率の実績を基礎に保険料が算定される．

　建設業や製造業のようにリスクの高い業種が保険料率も高く設定され，事務

作業の多いサービス業では保険料率が低くなる．さらに，同じ業種でも過去の災害発生率を考慮して企業ごとに適用料率が設定される．したがって，企業は保険料負担を軽減させるためにも事故や災害の防止に努力することになる．

保険給付

　労災の補償給付は，他の制度と比べて充実している．まず，療養補償給付は，医療費を全額償還する．労災病院のほか労災指定病院であれば，手続きなしに労災の療養給付が適用となる．それ以外の病院では，一定の手続きが必要となる．休業補償給付は療養のため企業を休業している間の所得を補償する制度である．休業して 4 日目から適用され，1 日につき基礎日額の 60 ％相当が支給される．療養開始後 1 年 6 ヵ月経っても完治せず傷病が重いと判断された時には，療養補償給付に代わって傷病補償年金が適用される．支給額は年金として，基礎日額の 313 日分（1 級）から 245 日分（3 級）までの間で決められる．

　続いて，障害が残るような場合，障害補償年金か障害補償一時金が支給される．支給額は，それぞれ障害の程度に応じて決定される．支給額は年金の場合，基礎日額の 313 日分（1 級）から 131 日分（7 級）の間で決められる．障害補償一時金は，基礎日額の 503 日分（8 級）から 56 日分（14 級）の間で決められる．常時または随時，介護を必要とする場合には，介護補償給付が支給される．常時介護は上限が月額 171,650 円（2021 年現在）に，随時介護の場合の上限は月額 85,780 円となっている．

　不幸にして被災者が死亡した場合，遺族補償年金，遺族補償一時金が支給される．遺族補償年金は遺族の数に応じて基礎日額の 153 日分から 245 日分が支給される．遺族補償年金の受給権者がいない場合，その他の遺族に対して遺族補償一時金が支給される．支給額は定額で基礎日額の 1,000 日分相当となっている．最後に，葬祭料として 315,000 円に基礎日額の 30 日分が上乗せされて合算して支給される．

142

併給調整

　労災が認定されなくても，各種年金制度は適用になる．労災が認定された場合，各種年金制度は原則として併給することができる．これが他の社会保障制度と異なるところである．しかし，併給の場合，一定の調整（減額）が労災の側で行われる．調整の内容である減額率は，労災のどの給付と他のどの年金給付と併給するかによって異なってくる．

　たとえば，労災が障害補償年金で障害基礎年金・障害厚生年金と併給する場合，労災の障害補償年金の支給率は 0.73 となる．つまり，27 ％の減額となる．同様に，障害基礎年金のみとの併給の場合には，労災の支給率は 0.88 ％，減額率 12 ％となる．一般に，受給総額が高くなると減額率が高くなる．それでも，減額率は 12 ％から 27 ％の間にあって，比較的寛大な支給条件となっている．一般にいわれるように，労災が認定されるとされないとでは，天国と地獄という違いがある．

労働福祉事業

　労働災害の犠牲者の補償だけでなく，労災補償保険は被害者の社会復帰や遺族への各種援助を目的とした多様な事業も行っている．社会復帰促進事業，被災労働者等援護事業，安全衛生確保等事業の 3 つの事業からなる．

　まず，被災労働者の社会復帰を支援するための事業として，労災病院，医療リハビリセンターなどの医療関連施設の設置・運営，補装具の支給，治療後の健康管理支援，在宅介護資金や自動車購入資金の貸し付けなども行っている．

　次に，被災労働者等援護事業として，被災者と遺族の生活を支援するために，特別支給金，修学援護費，労災就労保育援護費，労災援護金など各種給付金の支給，年金担保資金の貸し付けなどを行っている．また，安全衛生確保事業として，業務災害の防止，健康診断施設の設置・運営，未払賃金の立て替え払い事業も行っている．

3．日本の労災保険の課題

　職場の安全衛生は毎年改善され，労災件数も減少傾向にある．労災保険は，財政的にももっとも健全な財政で黒字を維持している社会保障である．しかし，日本固有の問題も抱えている．

過労死

　労災といえば，最近よく話題に上るのは，過労死問題である．かつては，過労死などは労災として認定されることはなかった．最近，過労死も労災として認定される判決が増えており，ますます注目を集めるようになっている．労災の財政黒字が背景にあって認定も甘くなっているのではないかとの推測もある．周知のとおり，「過労死」とは日本固有の問題であり，国際社会では存在しない議論である．

　過労死が労災として認定される場合でも，以前は職場で発症することが条件であった．だが，最近では，職場以外で発症する場合でも，過去の勤務状況と本人の健康状況などから業務との因果関係が証明されれば，いつどこで発症しても過労死が労災として認定されるようになった．脳疾患や心臓病では，いつ倒れるか予想はつかない．どこで発症するかは，認定に際して大きな条件とはならなくなった．

　また，企業は組織的に労働しており，同様の勤務形態で多数の労働者が同時に労働に従事している．特定の個人が過労死したとしても，他の労働者は変わりなく労働している．過労死は，個人の問題であり，企業全体の問題ではないとの見方もあった．この点でも，健康には個人差があり，虚弱な労働者が過酷な勤務を行ったため疾病を招いたとの解釈がされるようになってきた．

労災隠し

　職場の事故や災害は，企業にとっては喜ばしいことではない．優良企業にと

っては，大きなイメージダウンにつながる．過労死や死者の出るような災害を起こすようでは，企業の名誉に傷がつくことになる．業種によっても異なるが，場合によっては，即座に売上げに直接響くようなこともありえる．また，そうでなくても，メリット制を採用している労災においては，災害が起これば，次の年には保険料が引き上げられる．これも企業にとっては大きな負担増である．

こうしたことから，企業には労災を隠したいという欲求が働く．中小企業においても，この傾向が顕著である．大手企業は労災が頻繁な企業とは契約を結びたがらないからであろう．労災発生件数が多い建設業を例にとっても，請負契約で成り立っているこの業界では，労災が起これば建設契約の受注は以後切られる可能性がある．したがって，中小の下請け企業は，労災があっても労災の申請をしない場合が多いといわれる．

建設業でなくても，労災隠しはある．過労死で夫を亡くした妻が，労災の申請をしたとしよう．妻は，夫の職場での勤務実態を詳しくは把握していない．過労死を証明するための情報は，企業側がもっている．裁判が始まってから，勤務実績を示すデータが企業によって隠されたり，改竄されたりした事例も報道されている．企業を相手にして，妻が夫の過労死を裁判で証明することは，大変な負担である．

労災の手続きの煩雑さも，労災が隠されてしまう理由のひとつである．特に中小企業では，社員も少なく，労災にかかる多大な労力が捻出できない場合があるといわれる．折角の労災制度ではあるが，小さな事故であれば，通常の健康保険の適用で，あるいは会社負担にして処理してしまうこともあるといわれている．

第18回 家 族

　子どもが生まれて家族が増えることはおめでたいことで幸せなことではあるが，家計にとっては財政難になるリスクを伴うことも事実である．子どもが増えるのに収入が変わらなければ，当然ながら家計は苦しくなる．扶養家族が増えるごとに，より多くの収入が必要となる．これもひとつの社会的なリスクと考えられる．個人のレベルでは対応が難しい事態である．社会保障が介入すべき余地がある．

　なお，国際的には "Family Benefits"（家族給付）と称するが，内容は児童手当を意味する．そこでは，配偶者やその他扶養家族は対象にならないことを注意してもらいたい．

1．家族給付の意義

貧困と家族

　1901年に出版されたラウントリーの『貧困研究』では，イギリスで貧困世帯の調査を行い，貧困の原因を分析していた．この調査の結論として示されたことは，貧困になった理由のひとつが，子どもが多いことであった．子どもが多い世帯ほど家計が苦しくなるのは当然のことではあるが，改めて確認された．

社会保障としては，多数の子どもを抱える家族を支援する制度が求められることになる．

　一般家庭の収入は賃金が中心となる．賃金の構造も家計に大きく影響する．日本の賃金は年功賃金をベースにして年齢とともに上がっていく（定期昇給）のが一般的である．さらに，結婚，出産などを機に扶養手当も賃金の一部（諸手当）として加算されていく．こうした賃金は国際的には稀である．

　欧米では，賃金曲線は一般に年齢とあまり関係なくほぼフラットである．同一労働・同一賃金の原則に従い，企業から支払われる賃金に家族への配慮は含まれないのが一般的である．子どもを何人育てようが個人の自由であるが，会社はその責任を負わない．したがって，年齢が高くなっても，子どもの数が増えても，賃金はほとんど変わらない状況である．賃金が上がるとしたら，それは労働者の技能や熟練が増したことを反映するものと考えられる．その結果，子どもの多い世帯は貧困に陥ってしまうし，子どもの少ない世帯ほど家計は相対的に裕福であるということになる．

　つまり，子どもがたくさん生まれるということは家計費を増やし，生活水準を下げるひとつのリスクであったのである．通常，個人や企業レベルでは，このリスクに対応することはできない．したがって，国家が家族給付という形で多子家族を支援する制度を構築していったのである．先進諸国では，家族給付の位置づけは国によってかなり異なる．充実している国もあれば，あまり重視していない国もある．欧州諸国は総じて充実しているといえよう．

類似制度

　また，家族給付という制度とは別に，各種社会保障給付が扶養家族者に応じて付加給付が支給されることもある．年金や失業給付，傷病手当などの所得保障給付の支給額が基準額を基礎に扶養家族に応じて加算される場合がある．この措置は家族給付とは異なるが，同様の意味で家族の多い世帯の家計を支援するものである．ドイツがこの典型的な事例に該当する．

　さらに，社会保障給付とは異なるが，扶養家族に応じて課税控除する措置が多くの国で採用されている．このような家族を配慮して税額を減額することも，家族給付と同様の多子家族を支援する経済的効果がある．

人口対策

　家族給付制度は，常に人口政策の一環として論じられる．現在のような少子高齢化社会では，児童手当の拡充が少子化対策として位置づけられている．しかし，欧州諸国をみてもわかるように，充実した家族給付制度を運営していても少子化対策の効果は顕著にはあらわれていない．まして，日本の家族手当のように月額5,000円，10,000円，15,000円程度の金額で出産を決めるような夫婦は少ないであろう．

　もはや，少子化の問題は金銭判断の域を出ているように思われる．世帯あたりの子どもの数が減っているというよりも，結婚しない独身者が増えているのが問題の核心であろう．彼らには，お金によるインセンティブ以前の問題がある．働いていても非正規雇用で所得が低く，不安定で，結婚できないワーキングプア状態の若者が増えている．仮に結婚しても，共働きで忙しく子育てできる状況にないと感じる世帯も少なくない．

　北欧のように，同棲法によって婚姻によらない子どもの平等待遇を保障することも子どもを産む動機付けになろう．また，労働時間を短くしたり，育児中の婦人の残業を禁止するとか，育児休業を男女ともとりやすくし，育児休業給付の支給額もより高くすること，保育サービスをより確実で安価に提供することなど，働く女性が働きながら子どもを育てやすい環境を整えることの方が少子化には有効かと思われる．育児休業や休業手当なども少子化対策と関係している．

2．日本の家族給付

　日本については，家族給付は現在，制度的に不安定な時期にある．もともと戦後の自民党政権下で児童手当が施行されてきた．ところが，政権が民主党に代わって 2010 年には，旧来の児童手当が廃止され，代わって子ども手当が導入された．支給額は増額され，支給対象も拡大された．公立高校の授業料も無料とされた．公約であった子ども手当は財政難もあって縮小されつつあったが，さらに，民主党が短い政権を終え再び自民党政権に入り，子ども手当は廃止され，2012 年には改正児童手当法が成立した．もとに戻って，児童手当の現状を紹介する．

(1)　児童手当

　日本でも児童手当は，社会保険制度のひとつとして制度化されてきたが，内容はかなり貧弱である．以下，改正児童手当制度の概要を紹介しよう．児童手当の目的は，児童を養育する人の家庭における生活の安定と次代の社会を担う児童の健全な育成及び資質の向上に資することにある．

支給条件

　中学卒業まで（15 歳の誕生日後の 3 月 31 日まで）の児童を養育する者であり，所得制限内にある者を対象とする．まず，年収 960 万円未満の世帯では，3 歳未満の児童に対して月額 15,000 円，3 歳以上小学校在学中の児童第 1 子，第 2 子に各々 10,000 円，第 3 子以降に 15,000 円，中学生児童に 1 万円ずつ支給される．

　年収 960 万円を超える年収の世帯では，児童 1 人に一律 5,000 円の特例給付が支給される．ただし，年収 1,200 万円以上の世帯には児童手当は支給されないことになった．

　これまでより低い所得制限があり，多くの世帯は受給資格が認められなかっ

た．度重なる改正によって所得制限が次第に緩和され，適用範囲が拡大された．欧州では，家族給付に関して所得制限はない国が多い．

　国際的には，日本の児童手当の内容は貧弱である．欧州では，家族給付の支給対象は 18 歳までの国が多く，高等教育も対象に含む国も少なくない．支給額も日本は少なく，所得制限のほぼない欧州と比べても日本の政策効果は限りがある．少子化対策には効果が小さいように思われる．

財　源

　財源は，被用者とそれ以外の場合とで異なる．さらに，法的根拠から 3 歳未満の児童の支給分と 3 歳から義務教育修了までの支給分とで財源構成が変わる．まず，3 歳未満の場合は以下の規定による．一般の民間被用者の場合，事業主が 15 分の 7 の負担で，国が 45 分の 16，都道府県と市町村が 45 分の 8 を負担することになる．被用者以外の場合には（主として自営業者），国が 3 分の 2，都道府県，市町村が 3 分の 1 を負担する．

　続いて，3 歳以上中学校修了時までの場合は，被用者も被用者以外も同様に国が 3 分の 2，都道府県，市町村が 3 分の 1 負担する．また，所得制限以上の所得のある世帯への特例給付に関しても，財源は国が 3 分の 2，都道府県，市町村が 3 分の 1 の負担となっている．

(2)　児童扶養手当

　1962 年，父親と生計を同じくしていない児童を対象に世帯の生活の安定を図り，児童の福祉の増進を目的として児童扶養手当制度が導入された．遺族年金との併給は認められていない．当初，義務教育期間中が適用対象とされてきた．1976 年から 18 歳未満までに適用対象が拡大された．

　2022 年現在の支給額は，児童 1 人の場合に月額 43,160 円，児童 2 人では 10,190 円を加算，児童 3 人以上では 1 人につき 6,110 円加算される．

　当初，児童扶養手当の適用に際しては所得制限が厳しかったが，ここでも次

第に緩和されてきた．扶養親族の数によって所得限度額が設定され，これを超えると一部支給，あるいは支給停止となる．たとえば，2022年現在では，扶養親族1人の870,000円から扶養親族5人では2,390,000円までの所得制限がある．

　障害をもつ児童を対象とする特別児童扶養手当については，第13回の障害に関する項目を参照されたい．

(3)　企業の扶養手当

　日本には社会保険としての児童手当に加えて，家族の扶養のための給付がある．それは，社会保障制度ではなく，企業福祉とも違う．賃金体系の一環として組みこまれている扶養手当である．

　日本の賃金体系は国際的にみると特殊であり，実は家族の変化に対応した生活保障型の制度となっている．もともと年功賃金が日本の賃金の基本であり，毎年勤続年数が増すごとに定期昇給があり，基本給与が上がっていく．労働者は年とともに結婚し，子どもができて必要な家計収入は上昇していく．この上昇に見合って給与も上がっていくことになる．

　また，賃金の基本給とは別に，各種手当が賃金の一部として定着している．いろいろな諸手当のなかに，扶養手当がある．民間大企業だけではなく，中小企業でも公務員でも，扶養手当は運用されている．欧州の家族給付とは，子どもだけを対象としていたが，日本の賃金制度においては，配偶者も支給対象となり，それ以外の親族なども扶養関係にあれば支給対象に加わっている．

　この制度内容は法律で定められているものではなく，運営状況はそれぞれの事業所による．一般的には，配偶者への支給額が高く，子どもや親やその他扶養関係にある親族への支給は比較的低くなっている．子どもへの適用は通常，大学生であっても就学中は適用される．しかも，所得制限もないため，上級管理職であっても被扶養者さえいれば，支給対象となる．政府が施行する児童手当以上に効果的な制度ともいえよう．

3．教育格差の拡大

　近年の貧困化の議論のなかで，教育格差の拡大が強調されている．日本の児童手当は国際的にみても内容は不十分である．教育に関しては，日本の学費などは逆に国際的にも高額に位置づけられる．しかも，日本の高等教育への進学率はきわめて高い水準にある．教育は無料，有料でも比較的低額の欧州と比べて，教育は日本では非常に大きなリスクになる．教育格差が拡大しているといわれている．日本の教育の現状は深刻な問題を抱えている．

　もうひとつの問題は，日本の奨学金の劣悪さである．給付型の奨学金はきわめて限られたもので，利子なし奨学金も少数派で，多数は有利子の奨学金となっている．最近，学生時代に借りた奨学金の返済が滞っていて，自己破産にまで追い込まれる社会人が増えていると報じられている．社会人としてスタートの段階から多額の借金を抱え．人生苦難の旅立ちとなる．

　豊かな現代社会にあって，教育格差が拡大している．学費未納で退学していく学生も増えている．政府は，高校の学費無償化や新たな奨学金の導入を検討しているが，財源の確保は不明確であり，先行き不透明である．

　政策の視点から，日本では貧困家庭の教育機会の保障が長年問題とされてきた．現在では，高等教育を含めた一般家庭での学費の問題も政府の介入の対象となるであろう．有名大学の入学者の親の収入は，高額所得者が多数を占めていることも明らかにされた．少子化で人口減少が見込まれる日本，優秀な人材を広く養成していくことは，国益にもつながる．

第19回 介 護 (1)

　自力での生活が困難で介護を必要とする高齢者は昔から存在していたが，平均寿命も伸び医療技術の発展した現代は，多くの要介護者を生み出している．運営方法は国によって異なるが，社会的な介護サービスが組織化され，提供されるようになった．介護保障の展開は，社会保障全体にとっても大きな影響をおよぼすことになった．

1．社会背景

新しいリスク

　経済的な問題とは別に，肉体的に独力で日常の生活が困難な場合，第三者による介護が社会的に提供される制度が必要になる．疾病とも障害とも違う，要介護というひとつの社会的リスクが認識された．人口高齢化は，要介護のリスクを拡大させている．特に高齢者の一人暮らし世帯が日本でも増えている．介護してくれる親族がいない場合には，第三者の介護をうける以外に日常生活を維持する手段がない．

　既に，多くの先進諸国で介護サービスは何らかの形で行われてきた．日本でもかつては自治体が直接ホームヘルプサービスを運営してきた．しかし，自治

体による格差がいちじるしかった．全国的に介護サービスを保障するには，やはり法律に基づいて全国的に介護サービスを制度化する必要があった．こうして，欧州諸国に数年遅れて日本でも介護保険が導入された．

介護の担い手

　日本では，介護の担い手は妻や嫁，娘が一般的である．妻が専業主婦であれば，親世代以上の高齢者の介護は専業主婦に委ねられることが多くなる．夫は仕事があるため介護を担うのは限られた範囲内になってしまう．夫婦間の介護についても，平均寿命が女性の方が長く，しかも，結婚年齢は一般的に男性の方が遅いため，多くの場合は妻が夫の介護にあたることになり，逆に夫が妻を介護する場合はかなり少なくなる．高齢であれば，同年代の夫や妻では介護にも限界があり，一般的には嫁，あるいは，娘が介護の担い手になっている．日本に限らず，多くのアジア諸国では介護は家族や親族が行うものとなっている．
　元来，農耕稲作民族では大家族制が基本であり，一家をあげて農業を行ってきた．三世代同居が一般的であり，親の面倒を家族でみるのは当然の流れであった．高齢者でなくても，障害者であっても同様に家族全体で扶養することになっていた．家族という単位が福祉の単位でもあった．

高齢化社会の衝撃

　ところが，状況は急速に変化しつつある．核家族化が進行し，特に都市部では三世代同居は珍しい存在となっている．また，都市化の進行により，人口がますます都市部に集中してきている．都市部では住宅事情も劣悪である場合が多く，三世代が一緒に暮らすことは困難になっている．つまり，家族による介護は諸般の事情によりますます難しくなってきている．
　他方，人口の高齢化によって，介護がことさら重要になってきた．後期高齢者が増え，自力で生活ができなくなった高齢者が増え続けている．かつてであれば，もう既に亡くなっていた高齢者が，医療技術の進歩によって生存し続け

ることが可能になってきた．ただし，運動機能がそれに伴って増進しているわけではなく，逆に，運動不足から運動能力は衰えつつあり，病気から解放されても身体を維持することができない肉体的状況に至っている場合が増えている．

　認知症，慢性疾患の増大によって，介護は質的にも難しくなってきている．家族による介護ではもはや不十分である．女性の社会進出もあり家族による介護はもはや限界もあり，社会的な介護サービスの提供が必要な社会となっている．そこで，対応策として，介護を社会保障の一環に組み入れて社会的な介護を構築することが求められてきた．

2. 要介護への対応の在り方

公共サービスと民間サービス

　現代社会は要介護のリスクへの対応を迫られている．どのような対応をするかは，いくつか選択肢がある．最初の大きな選択肢は，介護サービスの担い手は公共サービスとなるか，民間サービスとなるかである．また，等しく公共サービスといっても，一般市民の利用が可能な公共サービスなのか，ごく一部の貧困者などに限定したサービスなのかによって事情が異なる．

　開発途上国や社会福祉の進んでいない国々は，介護保険も存在しないことが多く，家族や地域の活動に依存せざるをえない．日本を含め，要介護者の介護は家族が担うことが伝統であった．家族の介護が不可能な場合，民間ビジネスを利用することもできる．アメリカ的なやり方である．だが，比較的貧しい層では，民間ビジネスを利用することは困難である．安価な公共サービスが必要となる．国によっては各種慈善団体，ボランティア組織や無償の地域活動が行われている場合もある．

高齢者福祉と障害者福祉

　要介護というリスクは広く理解されている．このリスクへの対応をめぐって

は議論がある．問題のひとつは，高齢というリスクと障害というリスクの間の関係である．一般的に，高齢期に至り障害者となる人が増える．だが，高齢者ではあるが障害者ではない人，障害者であるが高齢者ではない人ももちろん存在する．たとえば，60歳の障害者は日本では障害者福祉サービスは適用されるが，介護保険は適用されない．他方65歳の障害者は障害者福祉サービスも介護保険も適用可能である．障害者福祉と高齢者福祉の狭間で適用に際して混乱が生じる可能性がある．

　日本では，介護保険は明確に高齢者福祉の一環に位置づけられている．65歳以上でないと介護サービスの本格的な適用が認められない．高齢期特有の疾病と認められれば別であるが，それ以外は要介護状態にあっても年齢65歳までは障害者福祉の対象にとどまることになる．この運用は日本固有のものであり，欧州では介護には年齢制限がない場合が多く，障害者福祉と高齢者福祉は連携がとられている．

医療サービスと介護サービスの関係

　もうひとつ紛らわしいのは，医療サービスと介護サービスの関係である．医療と介護は隣接領域である．線引きが難しいところもある．介護福祉サービスが十分整備されていない国などでは，医療サービスの一環として介護サービスを医療サービスに含ませて運営する場合も見られる．アメリカのメディケア（高齢者医療）やイギリスの国民保健サービスでも介護サービスを含んだサービスが一部見られる．特に入院などの場合は，医療サービスのなかで介護サービスが処遇されることが必要となる．

税方式か社会保険方式か

　介護サービスを公共サービスとして展開するとしても，そのやり方が分かれる．医療サービスと似た側面がある．国が税を財源として，原則として無料あるいは低料金の介護サービスとして実施する場合と社会保険の一環として介護

保険を運用する場合である．財源を税にするか保険料にするかの違いであるが，医療と同様に，いろいろなところで違いが出てくる．

　第1に，税方式であるとすべての市民が適用されることになる．所得や職業などにかかわらず，すべての市民が利用できることになる．社会保険方式でも，強制適用のやり方ですべての市民に適用することは可能であるが，ごく一部の人が受給要件を満たさずに不適用になる場合が起こりうる．

　第2に，多くの場合，税方式の介護サービスは無償か，そうでなくても僅かな負担となる．これに対して，社会保険方式では，一部利用者負担となるのが一般的である．介護保険では，被保険者は保険料に加えて，サービス料金の負担者となる．受益者負担の原則である．

　第3に，多くの場合，税方式に比べて社会保険方式の方が介護施設の都市部への集中の傾向がある．税方式であれば，国が地方にも適正に施設を配置して，偏らないことになる．

　制度運営に際して，社会保険方式の方が，保険原則に従って厳格で一律的な管理を行うことが多い．他にも税方式，社会保険方式の共通する特徴があるが，同じ方式でも運用によってもかなり変わってくる．北欧諸国やフランスでは，税方式に基づいて介護サービスが提供されている．他方，日本やドイツなどは社会保険方式を採用している．

3．介護保障の社会的意義

　介護保障制度は新しい社会保障制度である．この制度は，現代社会にとって非常に大きな影響力をもつ．その意義について触れていこう．

女性解放と労働力化

　介護保険の導入によって，これまで主として妻や嫁，娘などに任されていた介護が家族の手を離れて市場に委ねられることになる．つまり，介護サービス

158

を提供する事業体の職員が担うことになる．家から出て仕事をしたくてもできなかった妻や嫁や娘にとっては，介護労働からある程度解放されることにもなる．また，市場には膨大な介護関連ビジネスが拡大を続けている．現状では，ヘルパーの数が不足しており，安かった報酬も若干上昇傾向に転じた．

　一方では，専業主婦が家庭内の介護という労働から徐々に解放され，外に押し出される圧力が生じている．他方では，労働市場が女性の雇用機会を急激に拡大して，家庭内で眠っていた主婦を市場に吸引しようとしている．女性の雇用機会は多様な分野に及ぶが，そのひとつとして福祉産業とは典型的な女性労働者の多い産業である．こうして，今後は女性の労働力化は一挙に進展していくであろう．

税収・保険料収入拡大

　女性が労働力化することは，国民経済に大いに貢献する．まず，介護サービス周辺に民間ビジネスが拡大していくであろう．介護ニーズは高く，今後は右肩上がりで成長していくことだろう．経済危機に瀕した日本において，これほど有望な産業は多くない．日本経済再生への起爆剤ともなるかもしれない．欧州でも福祉業界は，新たな雇用を創出する産業として注目されている．

　専業主婦が賃金労働者となれば，まず，自ら納税者となり，税収増に貢献する．現在議論されているところであるが，妻が労働すれば，夫の所得税の配偶者控除が適用されなくなる．つまり，夫の税金が引き上げられる．日本女性の就業率は国際的にはまだ低い水準なので，女性労働者数はまだまだ増える余地がある．

　女性の労働力化は所得税の増収だけでなく，社会保険の保険料収入も増加する．夫とは別に，妻も働けば，自分の社会保険に加入することになる．厚生年金から，健康保険，雇用保険，介護保険などの保険料が自動徴収されることになる．社会保障の財源である税金と保険料双方に貢献する．

年金制度への貢献

　女性の労働力化は社会保障一般の財源に貢献するが，とりわけ，年金にとって良い影響をもたらす．高齢化社会の問題は，特に年金に典型的にあらわれるといわれてきた．いわゆる賦課方式の財政運営を行う戦後社会においては，人口構成の高齢化は年金を直撃し，「年金危機」が叫ばれてきた．つまり，現役労働者の拠出が即，高齢者の年金に配分される賦課方式のもとでは，高齢化は現役労働者の負担増を意味した．

　ここで問題なのは，現役労働者（拠出者）と高齢者（受給者）との比率であった．ところが，人口構成は高齢化しても，そして，若い人口が増えなくても，労働者の労働力率が上がればこの比率は改善できる．現役労働者の人口が減少傾向でも，女性の労働力率が進めば拠出者が増えることになる．つまり，人口高齢化の衝撃を女性の労働力化で緩和することができる．日本の女性の労働力率は上昇傾向にあるが，まだ主要先進諸国と比べると低い水準にとどまっている．従って，介護保険の導入などによる女性労働力率のさらなる引き上げは，社会保障拠出者の増加と納税者の増加をもたらし，現役労働者対年金受給者の比率を改善させることは確かである．

社会保障の民営化

　介護保険の導入に伴って，福祉サービスは行政側から一方的に提供される「措置」制度から，受益者本人がサービス提供者を選択できる制度に変わった．これによって，民間のサービス提供企業が一躍活発に事業に乗り出している．介護保険の導入は，社会保障の民営化への大きな糸口となりつつある．

　日本でも，介護保険の導入により株式会社をはじめ民間の介護サービス提供事業所が多く設立され，利用者がサービスを自由に選べる仕組みが整った．さらに，財力のある高齢者は公的な福祉サービスに満足せず，自費で民間福祉サービスを求めている．介護付きの高齢者住宅から清掃，配食，交通などの多様なサービスを提供する民間シルバービジネスが出現して，経済を活性化させて

いる．また，介護保険は，以後続く障害者福祉政策における支援費制度導入へも影響を及ぼした．

福祉の国際化

　介護サービスの普及に伴って，もうひとつ期待されるものがある．社会福祉の国際化である．日本に限らず，多くの国々において，介護従事者が国際的に移動している．人口の少子高齢化はほとんどの国で共通する傾向であり，今後もますます多くの介護従事者が先進国をはじめ増えていく予想である．すでに，多くの先進諸国で外国人の介護従事者を受け入れ，その数は拡大を続けている．

　特に，欧州ではイタリア，ギリシャにおいて国や自治体が積極的に外国人介護従事者の養成，受け入れを展開してきている．欧州に限らず，比較的豊かな国々がますます多くの外国人介護従事者を受け入れている．日本も例外ではない．経済連携協定（EPA）に基づいて，フィリピン，インドネシア，ベトナムをはじめ，今後もますます多くの外国人介護従事者が入ってくるだろう．利用者ではなく，社会福祉や医療の供給スタッフ側に外国人が入ることで，社会保障も一挙に国際化の流れに乗ることになる．

　外国人の立場に立っても，かつての建設業や製造業の３Ｋ職種ばかりでなく，多様な分野の職業に就けることの意味は大きい．移民希望の外国人労働者が今後も増えるものと見込まれる．

第20回 介 護 (2) 日本の介護保険

　介護保障の概念，その社会的意義などについてみてきた．ここでは，日本の介護保険に絞って具体的な制度の内容を紹介する．日本に固有の事情を理解してもらいたい．

1．介護保険への抵抗

　2000年に日本で介護保険が導入されて以来，国内には批判が相次いだ．批判点をいくつか整理してみよう．第1は，要介護の審査に関するものであった．判定の結果が人によって違うとか，審査時間が短いとか，個別の決定への不満が多かった．高齢者の場合，時と場合によって様子の大きく異なる認知症とか，審査方法と結果に関するクレームは多かった．実際に審査を行う自治体内に設置された審査委員会も，初めてのことで，域内で相当数の審査を行うことで混乱もあったと想定される．体調が不安定な高齢者も多く，当然起こりうる問題といえよう．

　第2の批判はかつての福祉先進地域からの苦情で，介護保険導入によってサービスの内容が悪くなったという類のものであった．たとえば，以前から市のホームヘルプサービスをうけていた高齢者が，介護保険導入に際して審査をう

けたところ要介護に認定されなかった．したがって，ホームヘルプサービスがうけられなくなった，という激しい批判もあった．

　同様に，当時，特別養護老人ホームに入所していた高齢者が審査をうけたら要介護に認定されなかった．したがって，今後，施設を追い出されるのではないか不安であるとの苦情であった．こうしたケースに対応して，厚生労働省は当時入所していた者には向こう5年間はそのまま入所できるとの措置を示した．しかし，5年後にどうなるのかまだ不安は残された．

　それ以外のたくさんのクレームは第3の批判として一括したい．毎回違うヘルパーさんで，毎回説明するのに時間がかかる．預金の引き出しや庭の草取りなどこれまでのホームヘルパーさんはやってくれた特定の仕事をやってくれなくなった．訪問した時間が予定よりかなり遅い．ヘルパーさんと性格が合わない等々，多様で些細なクレームが多数寄せられた．さらには，ヘルパーによる犯罪事件まで発生し，介護保険の導入は日本全国を混乱の渦に巻き込んだ．

　だが，これだけの制度を新たに施行するには，この種の混乱は避けられないものでもあり，時間をかけて安定的で公正な制度にもっていくしかない．要介護認定の審査は，不満であれば，何度でも審査をうけることが可能である．第2の批判などは，これまでの政策の歪みを露呈するものであり，これ自体は介護保険の批判には当たらないと思われる．介護をそれほど必要としない人が福祉施設に入所していたという旧制度の矛盾が明らかにされただけである．全国共通の運営を行うには，どこかに線引きをする必要があり，一度条件が確定してしまえば，時間とともに問題は解消されていくはずである．

2．日本の介護保険

　1997年の臨時国会で介護保険法が成立し，2000年に施行スタートした日本の介護保険制度の概要を紹介しよう．

役割分担

　まず，介護保険の設置主体（保険者）は，市町村，または，特別区となる．被保険者の資格管理，介護認定審査会による要介護認定，地域支援事業の実施，地域密着型サービス事業所の指定・監督，介護保険業務計画の策定，第1号被保険者の保険料徴収を行う．

　国は給付費，財政安定化基金，事務費に対して国庫から負担し，サービス基盤整備に対する基本方針の策定と財政支援措置を講じる．さらに，要介護認定，保険給付，事業者・施設などの基準の設定や介護報酬額の設定も国が行う．

　都道府県は給付費，財政安定化基金に対する負担，財政安定化基金の設置，介護認定審査会の設置支援，介護保険審査会の設置，介護支援専門員の養成などを行う．市町村の介護保険財政が悪化した場合，都道府県に設置された財政安定化基金から資金の貸し付けや交付を行う．

適用対象

　介護保険は，適用対象を年齢別に2つのカテゴリーに分けている．第1号被保険者は，年齢65歳以上の高齢者であり，第2号被保険者は40歳以上で64歳までの人たちである．分割したのには，いくつか理由がある．ひとつの理由は現役労働者と退職者との間で保険料の徴収方法の違いである．第2号被保険者の保険料は，健康保険の支払い基金から一括して償還される．つまり，介護保険導入に際して健康保険への拠出金が介護保険相当分を加えて引き上げられた．他方，第1号被保険者の場合には，ほとんどが退職者であることから年金からの徴収か本人の個人徴収に委ねられている．比率では，年金からの徴収が約8割，個人徴収が残りの2割とされている．

　もうひとつの分割の理由は，保険給付の適用の違いにある．65歳以上の第1号被保険者の場合には，要介護者（寝たきり，認知症など）と要支援者（虚弱）が介護保険の適用がうけられるが，第2号被保険者の場合には，上記のうち初老期認知症，脳血管疾患などの老化に起因する疾病と認定された場合のみ適用

の対象となる．介護保険が，高齢者福祉の一環として位置づけられているためである．

介護保険の財政

　介護保険の財源は，50％が公費負担，残りの50％が保険料によって賄われている．さらに，公費の内訳は国が25％，県が12.5％，市町村も12.5％となっている．保険料収入としては，適用対象者数の比率に基づいて，65歳以上の第1号被保険者が21％相当，40歳以上64歳までの第2号被保険者が29％相当を負担することになっている．

　なお，利用者本人の負担は1割と定められている．したがって，介護に要した実際の費用の9割が介護保険制度によって償還されることになる．財政難もあって，2014年には一定以上の所得のある被保険者は2割の自己負担に引き上げられ，さらに2017年には現役労働者並みの所得の被保険者は自己負担が3割に引き上げられた．

　介護保険の保険料は自治体によって決定される．対象者の所得段階別に定額で設定される．第1号被保険者である65歳以上の人は，年金から天引きとなる．第2号被保険者では健康保険の保険料とあわせて徴収される．近年，財政難から保険料上昇の傾向にある．

　なお，施設介護の場合，保険給付の適用外の食費や居住費用などは自己負担となる．利用者の負担を軽減させるために，1ヵ月の利用者負担額が限度額（一般の場合，2020年現在で44,400円）を超えると，超える金額が高額介護サービス費として保険給付となる．さらに，市民税非課税世帯の被保険者は，介護保険施設に入所したか，ショートステイを利用した場合，特定入所者介護サービス費（補足費）が支給され，食費，居住費の負担も被保険者の所得や資産などに応じて負担限度額までに抑えられる．

利用手続き

　介護保険の給付は，要介護状態または要支援状態にあることの認定が前提となる．被保険者が介護保険給付を受けるためには，まず市町村による要介護・要支援認定をうける．被保険者本人や家族の申請に基づいて，市町村職員の担当者が訪問調査を行う．申請手続きは，指定居宅介護支援事業者や地域包括支援センターが代行することもできる．被保険者である高齢者の日常生活能力や精神状況などに関する調査を行い，主治医の意見書をもとに一時判定が行われ，コンピューターによる要介護認定等基準時間が算出される．

　続いて，市町村に設置された介護保険審査会が医師，看護師，保健師，社会福祉士，精神保健福祉士などの専門家で組織され，二次判定が行われる．ここで要介護・要支援の基準が決定される．非該当もある．

　介護認定の結果として居宅サービスや地域密着型サービスを利用する場合，指定の居宅介護支援事業者の介護支援専門員（ケアマネージャー）が利用者の心身の状況や家族の状態，住宅環境，本人の意思とニーズを考慮して，居宅サービス計画（ケアプラン）を作成し，これに基づいて各種サービスが実施される．

　判定結果に不服を申し立てられた場合には，再調査が認められる．判定は専門的見地から，要介護が5段階に，そして，要支援が2段階に分類され，個別に該当する等級が示される．給付内容もこの等級に応じて定められる．アセスメントを実施し，各人にあったサービスがうけられるようケアプランが作成される．

　保険給付に際しては，要介護度に応じて支給限度額が設定されている．各被保険者は状況に応じてこの限度額の範囲内で適切なケアプランを作成され，プランに従って実際のサービスをうけていく．この限度額を超えてしまった場合は，超過分は利用者の全額負担となる．

保険給付

　要介護者には，在宅・施設の両面から各種サービスが提供される．要支援者

には，要介護予防の観点から在宅サービスが適用される．要支援者には，要介護予防の観点から在宅サービスが適用される．介護保険給付には，法定給付として全国一律で提供される介護給付，予防給付のほか，市町村が独自に実施する特別給付の3つがある．また，市町村は介護と関連して資金貸付などの保健福祉事業を展開している．

　介護給付には，市町村が監督する地域密着型介護サービスと都道府県が監督する居宅サービス，居宅介護支援，施設サービスがある．予防給付には，地域密着型介護予防サービス，介護予防支援，介護予防サービスがある．

① 居宅サービス

　高齢者の居宅で生活を送りながら，介護サービスを受けるものである．事業者のホームヘルパーが高齢者の居宅を訪問する介護サービスのほか，訪問看護，訪問入浴介護，訪問リハビリテーションといった訪問サービスがある．また，高齢者が介護事業所などに通って利用する通所サービスも可能となる．さらに，短期入所生活介護（ショートステイ）も準備されている．

② 施設サービス

　居宅を離れ，施設で提供される施設サービスとしては，介護老人福祉施設（特別養護老人ホーム），介護老人保健施設，介護医療院，介護療養型医療施設などが対象となる．要介護度や医療状況などに応じて入所施設が決められる．

　特別養護老人ホームは，常時介護が必要で，自宅での介護が困難な高齢者で，原則要介護度3以上の高齢者が入所できる．病状が安定し，リハビリテーションを重視した介護を提供するのが，介護老人保健施設である．日常的な医療管理が必要な高齢者を対象に，長期療養のための医療，日常と生活の介護を提供するのが介護医療院となる．

③ 地域密着型サービス

　地域密着型サービスとしては，認知症対応型共同生活介護（グループホーム），小規模多機能型居宅介護，定期巡回・随時対応型訪問介護看護，看護小規模多機能型居宅介護（複合型サービス）がある．住み慣れた地域での生活を支援する

もので，グループホームでは 5〜9 人の小規模な組織で，家庭的な雰囲気の環境で，市町村が施設の指定，監督を行い，地域に居住する人のみが利用可能となる.

予防給付によるサービス

　要支援の認定を受けた高齢者を対象に，心身機能の改善のため日常生活を送ることを支援するサービスが準備されている. 居宅サービスのなかで行われる. 介護予防給付としては，都道府県が指定監督を行う介護予防サービスとして介護予防訪問リハビリテーション，介護予防居宅療養管理指導，介護予防通所リハビリテーションなどがある. 他方，市町村が指定，監督を行う介護予防支援，地域密着型介護予防サービス（介護予防認知症対応型通所介護，介護予防小規模多機能型居宅介護，介護予防認知症対応型共同生活介護）がある.

地域包括支援センター

　2005 年の介護保険法の改正によって地域支援事業は高齢者が要介護，要支援状態になることを予防し，地域で自立した日常生活を送れることを目的として導入され，その活動の拠点として地域包括支援センターが創設された. 支援センターは人口 2〜3 万人に 1 ヵ所の割合で設置された. 原則としてセンターには保健師，主任介護支援専門員，社会福祉士の専門職が配置される.

　地域支援事業の具体的内容としては，訪問型，通所型の介護予防・生活支援事業がある. 一般介護予防事業として介護予防把握事業，介護予防普及啓発事業等が実施されている. さらに，包括的支援事業として，介護予防ケアマネージメント業務，総合相談支援業務，権利擁護業務，包括的・継続的ケアマネージメント支援業務などが実施されている. 最後に，市町村が地域の実情に合わせて独自に実施する任意事業として，介護給付費適正化事業，家族介護支援事業などがある.

介護保険事業計画

　設置主体である市町村は，介護保険事業計画を3年間単位として策定しなければならない．都道府県は介護保険事業支援計画を策定する．計画では，年度ごとの介護サービスの予測見込みを提示し，その前提で介護保険の財政規模と介護保険料を決定する．高齢者の生活に大きな影響を及ぼすため，計画の策定段階で，被保険者をはじめ，地域ごとに聞き取り調査や公聴会を開催することになっている．

介護保険の改革

　介護保険の導入に伴い，介護サービスを提供する多様な事業所があらわれた．民間企業も参入し，介護サービスの質の維持が問題となった．事業者のなかには介護報酬の不正請求を行う事例もあり，規制監督の強化が求められるようになった．2005年に事業者の監督強化のため指定の6年ごとの更新制が導入された．指定の取消しも新たに組み込まれた．2008年には事業者への立ち入り検査制度を創設し，2011年には都道府県や市町村による違反企業の指定取消しが規定された．

　近年の法改正が目指したものは財政再建であった．介護保険施設入所者の食費や居住費は，全額自己負担とされた．また，介護報酬はこれまで引き下げられてきたが，介護職員の待遇改善のため2009年に初めて3.0％の引き上げが決定された．今後も厳しい財政運営が予想され，保険料の引き上げが見込まれている．

　さらに，2014年の改正では，一定所得以上の利用者に関して，利用者自己負担が2割とされた．さらに，2017年の改正では，現役世代並みの所得のある利用者に関して，介護保険利用者の自己負担額が3割に引き上げられた．

第21回 貧 困

貧困にはいろいろな原因がある．多様なリスクに陥った結果として，貧困に至ることも多い．他方で，貧困が他のリスクをもたらす場合もある．貧困により精神不安になることもあれば，病気になる場合もあろう．社会保障が扱うすべての社会的リスクと関係性が深いリスクが，貧困というリスクになる．

1．現代の貧困問題

セイフティーネット

個人では対処しにくいさまざまな社会的リスクに対して，さまざまな社会保障制度が構築されてきた．最後に控えた社会的リスクは，貧困である．貧困は他の社会的リスクの延長線上に待ち構えている．疾病や老齢，失業などに陥った人たちが長期間そのリスクに埋没していると必ず最後に到達するリスクである．この貧困への対策がしっかり準備できていれば，市民の安心感も一層増すことになる．市民の最低生活を保障する最後の手段として公的扶助がある．

豊かな現代社会

現代社会では，生産性は拡大を続け，富が満ち溢れている．だが，豊かな社

会にも貧困はある．世界でもっとも豊かな国といわれるアメリカであっても，ホームレスはたくさんいる．福祉の進んだ欧州にあっても，貧困問題は存在する．日本においても，食事さえ十分にとれない貧困世帯が存在している．

　そして，開発途上国に目を向ければ，絶対的な貧困問題が大量に横たわっている．飢餓状態で死んでいく子どもたちがたくさんいる．国際機関や先進国政府による国際協力も展開されているが，実際に救済されているのはごく一部に過ぎない．現代社会といえども，貧困は依然として大きな課題となっている．

平等な社会

　社会の絶対的な富の量的な問題とは別に，富の分配も問題となる．平等の問題である．高所得者と低所得者の格差が大きいか小さいか，国によって状況はかなり異なる．開発途上国によくみられるのは，一握りの少数の支配階級が国全体の富の圧倒的多数の部分を独占し，国民の大多数は貧しい農民や労働者となっている．日本などは，実は比較的平等な社会といわれている．会社の社長と新入社員との賃金格差などで比較しても，日本は比較的平等であり，格差が小さい国とみなせる．アメリカなどでは桁違いの格差となっている．

　日本では，国民の約8割が自分を中流階級に属すると感じているという意識調査もあった．日本人の階級意識は，欧州諸国に比べるときわめて希薄である．ホワイトカラーとブルーカラーでもあまり意識的な違いはない．経営者であっても，メーカーであればブルーの作業着を着ていることも珍しくない．ここでの考察は，あくまで諸外国と比較した上での議論である．

　そんな日本でも，最近，格差拡大の意識が強まっている．特に強調される日本の特徴は，資産格差である．資産をもつ者ともたない者との間の格差は，拡大傾向にある．土地が高価な日本においては，資産格差は生涯にわたる個人的な努力では覆せない重みをもっている．

不平等度の拡大

　国民の間の所得分配について，不平等度が近年ますます拡大しているといわれる．たとえば，国民所得の上位 20 ％と下位 20 ％の国民所得全体に占める割合を時系列で追ってみると，多くの先進諸国で上位の比率が増加し，下位の比率が減少している傾向があらわれている．つまり，お金持ちの人がますます国の富を独占してよりお金持ちになり，貧しい人はますます少ない所得になっているという事実である．とりわけ，経済不況が顕著になってから以降は，こうした所得格差拡大の傾向がより鮮明になってきた．

階級制

　いつの時代でも，世界中の国々には，それぞれの階級制度がある．社会保障制度を生み出した欧州は，明らかな階級社会である．昔ながらの名門家が，いまだに残っている国も多い．「この町は，労働者階級の町である」というような表現が日常的に聞かれる．階級の意識は今でも非常に強く，教育や職業訓練などにも大きな影響力をもっている．階級による所得格差もいちじるしい．

　さて，日本にも階級たるものはあった．だが，日本に古くからあった階級制度は，実際には所得格差を必ずしも意味していなかったように思われる．士農工商についても，武士のみが支配階級であったといわれるが，すべての武士が必ずしも豊かではなかったことは明らかであった．農民が職人や商人より所得が高いということはいえないであろう．商人などはもっとも低い階級とされていたが，一番貧しかったというわけでもなかった．さらに，通常，階級ピラミッドは上の支配階級が少数で下の被支配階級が多数のはずである．士農工商は，数的にはピラミッドの構造には該当しないことも明らかである．つまり，士農工商は所得ランキングではなく，名誉のランキングであったと考えられる．

　開発途上国のなかには，一部のごく少数の支配階級と圧倒的多数の貧困国民という階級構造の国もある．階級間には，覆い隠せない富の差が歴然と存在する．日本は他の国々と比べて，平等な社会と評価することができよう．日本で

は，立身出世の話が尊重されるし，現実に階級を越えて活躍していく人が多い．そこには，乗り越えることが絶対的に不可能な階級制度など存在しない．貧しい農民の息子が関白になる豊臣秀吉のような人物は，欧州ではありえない物語であろう．

2．日本の生活保護制度

貧困対策として政府が準備しているのが，公的扶助であり，日本では生活保護制度ということになろう．制度の概要をみていこう．

ナショナル・ミニマム

日本国憲法 25 条は，「健康で文化的な最低限度の生活」をすべての国民の権利とし，国がそれを保障する義務を負うことを明記している．この規定に基づいて，具体的に国民の最低生活を保障するために，1950 年に生活保護法が制定された．ここで，実際に生活保護制度を運営していく上で，最低生活保障の基準（ナショナル・ミニマム）をどう設定するかが大きな問題となる．

日本の歴史的な経緯をみると，最低生活保護基準の設定方法に関して，マーケットバスケット方式（1948 年～1960 年），エンゲル方式（1961 年～1964 年），格差縮小方式（1965 年～1983 年），水準均衡方式（1984 年～現在）と推移してきた．

まず，マーケットバスケット方式とは，市場で買い物かごに必要な飲食物や衣類などの最低生活必需品を購入した時の価格を積算する方式である．人間として生存していくために最低限必要な商品の種類と量を実際に購入する金額を計算し，この合計金額が最低生活基準となる．人間としての尊厳が感じられない，単なる生命体としての考え方である．

続いて，エンゲル方式は，家計に占める食費の割合であるエンゲル係数を逆に利用して，総生活費（支給額）を算定するやり方である．マーケットバスケット方式で求めた額を生活保護基準の特定比率に設定し，100 ％の生活保護基

準を逆算するやり方である．マーケットバスケット方式に若干上乗せされた額となる．

　生活保護世帯の保護水準を一般家庭に近づけようとする意図から，格差縮小方式では，一般世帯の消費水準の伸び率より少し高い水準の生活保護基準を改定させ，一般市民の所得水準と格差を縮小していく方式である．たとえば，消費水準が前年より 102 ％に上昇した場合，生活保護基準は 103 ％増加させることになる．長年続けることで，生活保護基準が一般家庭の水準に近づくことになる．経済成長期において容認可能な方法であった．

　最後に，経済成長が見込まれない状況下で生活保護基準の引き上げは抑制されることになる．水準均衡方式は，一般世帯の生活水準と均衡のとれた生活扶助基準を定めていく方法である．一般市民の平均所得と生活保護基準をもはや接近化させないで，同じ差を維持していくものである．現行の水準均衡方式のもとでは，一般世帯の消費支出額平均の 6 割台後半に生活扶助基準が設定されている．

　実際には，地域ごとの物価水準の差や生活様式などを考慮して，日本の生活保護では扶助基準を地域ごとに設定している．まず，全国を 3 つの級地に分け，さらに，各級地を 2 つに分けて，それぞれの基準を設定している．また，日本は生活保護の運用に際して世帯主義を通しており，世帯の構成によっても扶助基準額が異なる．単身か，夫婦か，それ以上の家族と同居かなど，世帯人員に応じて扶助基準が増額される．

　たとえば，東京の 23 区内でもっとも扶助基準の高い地域（1 級地—1）に住む単身高齢者の場合，2021 年現在では 77,980 円が実際の生活保護の生活扶助支給額となる．基準のもっとも低い地域での単身高齢者の場合は，66,300 円となっている．高齢の夫婦 2 人世帯では都心の場合 121,480 円となる．夫 33歳，妻 29 歳，子 4 歳の 3 人世帯では，158,760 円となる．この金額は生活保護の基本となる生活扶助の金額である．このほか条件によって，医療扶助，住宅扶助，教育扶助などが合わせて支給されることになる．

174

基本原理

まず，憲法25条でも規定されているとおり，生活保護は国家の責任のもとで行われることが第1の原理である．公的扶助は，無差別平等に適用されるべき制度となっていることが第2の原理となる．生活困窮者の属性や困窮にいたった理由などを問わないで救済するものである．だが，対象が「すべての国民」に設定されていることは，外国人への差別になりうる．

次に，保護の程度に関しては，最低生活保障の基準が設定されており，保障されるのは，健康で文化的な最低限度の生活水準であることが第3の原理である．最後に，自助努力を前提として個人が最善の努力をした上で不足分を生活保護が補うという第4の補足性の原理がある．

運用原則

実施の生活保護制度の運用に際しては，第1に申請保護の原則があり，本人の申請を基にして手続きがはじめられる．決して行政側から働きかけるものではない．本人の他にも扶養義務者や同居親族も申請が認められる．

保護は不足分を補う程度に基準が設定されるのが第2の原則である．個人の資産や報酬などに親族などによる可能な支援も加え，それでも最低生活保障基準に不足する部分のみが生活保護の支給額になる．

第3は必要即応の原則であり，貧困というリスクの性格上，生活保護は必要に即応すべく，迅速に処理されるべきである．とりわけ，病気で貧困に喘いでいる者も多く，怠慢な行政は許されない．

最後に，生活保護は日本では世帯単位を原則として家族の扶養義務関係を前提として運用されることが第4の原則となる．適用は個人単位を基本とするほかの先進諸国と異なるところである．

扶助の種類

生活保護法に基づいて要保護者に適用される扶助には，状況に応じて次のよ

うな制度がある．まず，生活扶助は飲食費，被服費，水道光熱費など，生活に
必要な費用を満たすものである．教育扶助は要保護世帯に義務教育期間中の児
童がいる場合，児童の教育費を支給するものである．住宅扶助は家賃，地代，
家屋の補修費などを支給する．医療扶助は要保護者の疾病や負傷による医療費
を全額支給するものである．介護扶助は，要保護者を対象とした介護サービス
に支給される．介護保険の適用をうけた場合は，1割の本人負担相当分が介護
扶助として支給される．生業扶助は要保護者が小規模事業を営もうとする時に，
設備費，運営費，技能習得費などを支給する．その他にも，必要に応じて，出
産扶助，葬祭扶助も施行されている．

行財政

　都道府県及び市町村の福祉事務所が生活保護に関する事務を取り扱う．実際
の保護の業務にあたるのは，社会福祉法で定められた社会福祉主事（ケースワ
ーカー）である．ケースワーカーは被保護世帯を適宜訪問し，調査，相談，指
導などを行う．地域の民生委員も協力機関に位置づけられている．

　生活保護費の財源については，全額公費で賄われる．具体的には，国が4分
の3を負担する．そして，都道府県，市町村が4分の1を折半して負担する．
保護施設の設置費用については，国が2分の1，都道府県が4分の1を補助し，
残りの4分の1を法人が負担する．施設運営費については，国が4分の3，都
道府県と市町村が4分の1の負担となっている．

保護施設

　居宅では，一定水準の生活を営むことが困難と認められる要保護者を入所さ
せる施設が，生活保護法に基づき設置されている．まず，救護施設，更生施設
は身体上または精神上障害がある要保護者を入所させ生活扶助を提供する施設
である．医療保護施設は医療を要保護者に給付する．授産施設は就労や技能習
得の機会を要保護者に提供する．宿泊提供施設は要保護者に住宅扶助を提供す

るものである．保護施設は公共性が強いため，都道府県や市町村のほかは，地方独立行政法人，社会福祉法人と日本赤十字社に設置が限定されている．

生活困窮者自立支援法

　2013年に生活困窮者自立支援法が制定され，生活保護の適用以前の段階で自治体が中心となって早期に支援を開始し，自立を目指すものである．具体的には，居住確保の支援から，就労支援，緊急の衣食住の支援，生活再建支援，子ども支援などに関する相談である．また，従来より実施されてきた住宅支援給付事業は，同法のもとで住宅確保給付金として組み込まれた．

　こうした自立相談支援事業と住宅確保給付金は，生活困窮者自立支援法の必須事業に位置づけられる．加えて任意事業として就労準備支援事業・就労訓練事業，一時生活支援事業，家計相談支援事業，子どもの学習支援事業などが整備されている．

第22回　社会福祉制度

　社会福祉とは児童や高齢者，障害者，母子などの社会的な援護を必要とする者が自立した生活を送ることができるように，生活面のさまざまなところで支援を行うことである．その各種支援のなかでも中心的な役割を果たしているのは，対人社会サービスである．

1．社会福祉とは何か

社会保障と社会福祉

　本書の第4回で社会保障の定義について指摘したとおり，社会保障は非常に広い範囲を含んでいる．これまで，社会保険を中心にして公的扶助なども論じてきた．もうひとつ大きな分野が残されている．社会福祉である．社会福祉の概念も一様には規定できないが，社会保障論の立場からいえば，社会福祉は社会保障の一部に位置づけられる．社会保障の構成要素として，社会保険，公的扶助，社会福祉，公衆衛生，さらに，労働市場政策や住宅政策などを含むものと理解されるのが一般的である．

　しかし，実際には社会保障と社会福祉の関係は，非常に難しいところがある．両者とも大きな概念であり，どの定義を採用するかで両者の関係が異なってく

る．国によって，あるいは，論者によっては，社会保障が社会福祉 "social welfare" の一部であると解釈する場合もある．ここでは，社会保障論の多数派による通説の視点に立って論を進める．

社会福祉の意義

　日本の社会福祉は，主として戦後に確立されてきた．そこでは，低所得者を想定し，社会的にも経済的にも一般に「社会的弱者」とみなされる者を対象にして，慈善活動や社会事業として展開されてきた．この点で，すべての国民（あるいは，すべての労働者とその家族）への強制適用を前提とする社会保険と性格を異にしている．

　戦後の経済成長を経て，国民の生活水準も高まり，貧困対策中心であったかつての目的は対象を広げ，国民の多様なニーズに対応する社会的なサービスをも含むようになった．つまり，対象は一部の低所得者から一般市民である高齢者，障害者，児童，母子および寡婦などにまで拡大した．政策の内容も発展し，多様化していった．

地域福祉の役割

　社会保険は国の政策であり，全国一律での施行を原則とする．社会福祉においては，とりわけ近年，地域の福祉活動が重要視されてきている．社会福祉関係のサービスに関しては，自治体独自の展開が重要である．福祉の実施主体はあくまで自治体である．つまり，自治体の裁量のもとに多様な福祉サービスが展開されている．選挙でどういう立場の人が首長になるかによって，地域の福祉の内容に影響する．したがって，福祉先進地域とよばれる地域が出現してくる．

　さらに，社会福祉の領域では，民間の社会福祉事業，社会福祉協議会，ボランティア団体などの多様な組織が福祉活動を実施している．欧米諸国においても，社会福祉については，民間福祉活動が活発であり，むしろ，社会福祉の中

心を担う場合もあり，政府は財政支援を惜しまない状況にある．このような状況も，社会保険とはかなり異なるところである．

2．社会福祉の分野

　主に先進諸国では，社会福祉としては児童福祉，障害者福祉，高齢者福祉，母子福祉，そして生活保護などの分野が中心となる．詳細はそれぞれの独立した分野の著書に譲るが，ここでは最近の動向のみ概観したい．

　世界同時不況から経済不況はさらに深刻度を増して，日本は震災やコロナ感染症の影響もあり失業者も増え，社会保障や社会福祉の運営も難しくなっている．こうしたなか，生活保護受給者数が増え続けており，政府の財政難がより深刻になっている．近年，生活保護をめぐる悲惨な事件も繰り返され，セイフティーネットとしての生活保護の信頼が揺らいでいる．

児童福祉

　児童福祉は，児童の適切な養育，生活の保障をし，家庭における養育が困難な場合は，できる限り良好な家庭的環境で養育されるための措置を講じる．具体的な業務を実施するのは，児童相談所，福祉事務所，保健所などである．児童相談所には，医師，児童福祉司，児童心理司，社会福祉士，精神保健福祉士などの専門職員が配置されている．

　児童福祉法に基づいて以下のような多様な施策が実施されている．身体障害児に対する養育の指導，小児慢性特定疾患医療費の支給，障害児の居宅生活支援，授産施設，母子生活支援施設及び厚生施設への入所，障害児入所給付金，高額障害児入所給付金の支給，障害児相談支援給付費の支給，要保護児童の保護措置など．

　児童福祉においては，近年，児童虐待が増え，深刻な問題となっている．特別なニーズをもつ児童の保護に重点が置かれ，一時保護所での保護や要保護児

180

童の児童養護施設への入所が増えつつある．保育所の増設の流れをうけ，保護者の就労支援と育児両立の支援をする体制づくりが急務となっている．

高齢者福祉

2000 年に介護保険が施行されて以降，それまでの高齢者福祉の多くの事業が介護保険制度に移管され，市町村の行う事業は支援体制の整備に変更された．老人福祉法では，市町村を福祉の措置の実施者とし，以下のような措置内容を規定した．支援体制の整備，居宅介護，老人ホームへの入所，老人福祉のための事業などである．

老人福祉法で規定される老人居宅生活支援事業としては，老人居宅介護等事業，老人デイサービス事業，老人短期入所事業，小規模多機能型居宅介護事業，認知症対応型老人共同生活援助事業，複合型サービス福祉事業がある．同様に老人福祉施設としては，老人デイサービスセンター，老人短期入所施設，養護老人ホーム，特別養護老人ホーム，軽費老人ホーム，老人福祉センター，老人介護支援センターがある．

市町村は，県と連携して高齢者福祉サービスの供給体制に関する高齢者福祉計画を策定することが老人福祉法において定められている．老人福祉計画は，高齢者福祉サービスと保健サービスが一体的に提供できるように介護保険法に基づく介護保険事業計画と一体的に作成されなければならない．

障害者福祉

障害者福祉の分野では，2003 年度から支援費制度が導入されて，福祉サービスの在り方が変わった．かつての措置制度に代わって，市町村が指定したサービスの利用者に支援費を支給し，利用者と契約した事業者や施設に代理受領が認められた．

2011 年の障害者虐待防止法，2013 年の障害者差別解消法，そして 2013 年の障害者総合支援法が制定された．障害者総合支援法は，身体障害者，知的障害

者，精神障害者を対象に，障害の区分に関係なく共通するサービスを提供するものである．

　障害者総合支援法によって提供されるサービスは，介護給付と訓練等給付に二分割される．加えて，移動支援，相談支援などが地域生活支援の一環として施行される．介護給付としては，居宅介護，重度訪問介護，同行援護，行動援護，療養介護，生活介護，短期入所，重度障害者等包括支援，施設入所支援などがある．訓練等給付には，自立訓練，就労移行支援，就労継続支援，就労定着支援，自立生活援助，共同生活援助などがある．

　身体障害者福祉法，知的障害者福祉法，精神保健福祉法の事業の多くは，障害者総合支援法によって統合されていったが，各法の独自の事業はその後も残され，引き継がれている．

3．社会福祉サービス

サービスの種類

　社会福祉として多様なサービスが提供される．そのサービスは大きく施設サービスと在宅サービスとに二分される．古くから社会福祉対象者は施設に行くべきか，自宅にいるべきか，議論が繰り返されてきた．本人の希望やニーズのみならず，家庭や地域の環境，さらに，公共政策としての経済合理性からも考察しなければならない．

　さらに，現代社会では福祉サービスも多様化してきている．まず，施設サービスの場合，その関連福祉施設は入所施設，通所施設，そして，利用施設の 3 つの種類に分けられる．他方，在宅サービスの場合も，ホームヘルプサービスのほか，デイサービス，ショートステイ，さらに福祉用具の給付や貸与のサービスも提供されている．

　なお，不適切な経営が行われると入所者の人権を侵害する恐れがあるため，入所施設は原則として地方公共団体または社会福祉法人に経営が限定されてい

る．社会福祉施設に関しては，設備，職員，運営方法などについて最低基準が設定されており，都道府県知事の許認可や届出が必要となっている．

サービスの手続き

　要保護児童へのサービス，養護老人ホームへの入所，生活保護施設への入所は伝統的な措置制度に基づきサービスが提供される．つまり，行政が利用者とかかわり，行政サービスとしてサービスを提供するか，特定の事業者にサービス提供を委託するか，行政が独占的に決定する．

　他方，介護保険や障害者総合支援法に基づくサービスは，利用者とサービス提供者の間の契約を基礎に，行政は利用料の助成を行うことになる．原則，自己負担は1割で，残りの9割は公費で賄われている．

4．社会福祉の基本構造

社会福祉の財政

　高齢者福祉関係では，要介護・要支援の対象者の場合は，既に紹介した介護保険制度に従う．つまり，費用については本人が1割の自己負担に留まり，あとの9割は保険拠出と公費で折半して賄われる．障害児・者へのサービスも，障害者総合支援法により原則1割の自己負担となり，9割のうち国が2分の1，県が4分の1，市町村も4分の1の負担となった．

　福祉施設のサービス利用の場合，施設の運営費は利用者の負担分が決定され，それ以外の費用は公費で賄われる．高齢者施設の場合は，自己負担分以外の入所費用は介護保険から支給される．

社会福祉の組織体制

　社会福祉に関しても，中央政府と地方自治体の連携に基づいて行政が組織化されている．国に関しては，厚生労働省内に各部局が並んでいる．社会福祉全

般と生活保護や障害者保健福祉について扱う社会・援護局，児童家庭福祉など
を取り扱う雇用均等・児童家庭局，介護などの高齢者福祉を扱う老健局，さら
に，年金局や保険局などがあり，各分野の制度政策の企画・立案，基準の作成
などを行っている．

　都道府県レベルでは，福祉事務所，児童相談所，身体・知的障害者更生相談
所などが設置され，要保護児童の福祉，郡部の生活保護の実施，人材養成，施
設の基盤整備，市町村の支援などを行っている．市町村は福祉サービスの直接
的な実施決定主体となり，介護保険では保険者として介護保険の運営に携わっ
ている．周知のとおり，福祉行政においても権限の移譲が進行しており，市町
村がより大きな権限をもつようになってきている．

　社会福祉に携わる民間組織も少なくない．社会福祉協議会は地域の福祉関係
者によって組織された民間組織であり，市町村レベルだけでなく，都道府県レ
ベル，全国レベルでも組織化されている．地域の社会福祉活動の企画，調整，
宣伝普及，人材養成などの福祉に関する業務を広く展開している．直接的な福
祉事業の主体となる場合もある．

　また，社会福祉事業を行うことを目的として社会福祉法人が設立され，事業
の経営にあたっている．民間社会福祉施設ではあるが，公益性が認められるた
め，関係行政の指導や監督に従わなければならない．その代わり税制上の優遇
措置も適用される．

社会福祉の担い手

　社会福祉の担い手としては，各専門機関に多様な職員が配置されている．社
会福祉事務所には，生活保護担当の現業員，身体および知的障害者福祉司など
が配置されている．児童相談所には，児童福祉司などの専門職員が配置されて
いる．行政職員のほかに民間職員も多数活動している．社会福祉施設や在宅サ
ービス事業所では，生活支援員，介護職員，児童指導員，保育士，医師，看護
師，ホームヘルパーなどの職員がいる．社会福祉協議会所属の職員もいる．い

ろいろな関連施設でそれぞれ専門職員を抱えている.

また，日本の社会福祉に特徴的な民生委員という民間奉仕者の制度もある．
民生委員は児童福祉法に基づく児童委員も兼務している．厚生労働大臣の委嘱
をうけて，地域の福祉のために地域住民の相談，援助などの活動を行っている．

専門的な知識や技能を要する人材の養成のため，国家資格が設けられている．
従来の福祉事務所での業務を行う社会福祉主事のほか，心身の障害や環境上の
理由から日常生活に支障がある者に相談，助言，指導を行う業務に携わるため
に社会福祉士の資格があり，同様に入浴や排泄，食事などの介護を行い指導す
る業務を行う介護福祉士，医療機関や社会復帰施設を利用する精神障害者の社
会復帰に関する相談，助言，指導などを行う精神保健福祉士がある．保育に従
事するための保育士資格もある．

民間福祉サービス

北欧諸国をはじめ，社会福祉の担い手は国や地方自治体といった公的行政機
関による活動が想起されやすいが，他方で民間福祉も国によって活発である．
歴史的にみると，かつて私的な事業の試みが周囲の支援を得て大きな広がりを
経て，公的組織が介入していった事例も多い．

アメリカなどでは，教会や各種市民団体が多様な福祉活動を行っている．む
しろ政府には頼らず，期待もせずに，自分たちの活動の延長戦上で展開されて
いった慈善事業も多い．貧困者への食事提供，ホームレスへの避難所，病人へ
のフリークリニック，障害者への就労企業等々多様な支援活動が展開されてい
る．

また，福祉先進国にあっても，行政サービスの行き届かない領域に民間事業
が展開されていることも少なくない．福祉対象者の家族が立ち上げた事業も多
く，こうした民間団体に公的補助金が提供されている場合も多い．

第23回　社会保障の周辺領域

　社会保障とは，法律に基づいて国が全国的に施行するものである．細部をみると国によって実際に社会保障制度として施行している制度が異なる．ここでは，日本では社会保障制度として国が行っていない制度で，欧州などでは施行されている社会保障制度に焦点を当てよう．

1．日本にない社会保障制度

　これまで紹介した社会保障制度は，あくまで日本で現在施行されている制度であった．ところが，世界は広く，日本では成立が難しい制度でも社会保障の一環として施行されている場合が少なくない．ここでは，その代表的な制度の概要を紹介する．

有給休暇手当

　特別な休暇制度ではなく，一般的な年次有給休暇について触れたい．たとえば，ベルギーでは年次有給休暇制度が社会保険の一環として運営されている．そして，休暇をとるたびごとに，休暇手当が支給される．有給とは給与が支給されるという意味ではなく，休暇手当が支給されることを意味する．つまり，

休暇でヴァカンスに出れば，宿泊費や交通費など当然出費がかさむ．これをリスクとみなしているのである．財源となる社会保険拠出は使用者のみとなっている．

　休暇制度とは，通常，労働基準法において労働条件の一環として扱われている．日本のように，勤勉が賛美され，過労死が起こるような国においては，休暇制度の意味は大きい．日本にも年次有給休暇はあるが，消化率が非常に低く，年間平均9日余りしか取得されていない．権利として取得しやすくなるように，社会保障制度からのアプローチが検討される余地がある．

　年次有給休暇に限らず，いろいろな用途での休暇制度が欧州等では準備されている場合がある．たとえば，家族の急病の場合，家庭の急な出来事に応じて申請する休暇制度もある．単発で短い期間であるが，所得保障を伴う場合もある．年次有給休暇とは別の制度として成立している．他の理由に対応する休暇制度とその休業補償制度も国によって運営されている．

母性保護給付

　母性保護給付（maternity benefits）としては，日本では出産手当が想定される．社会保障制度としては，母性保護給付は日本ではあまり重要視されていない．国際的には，ILO102号条約においても，9つの社会保障制度のうちのひとつとして重要視されている．日本では，出産手当は健康保険制度のひとつの現金給付として位置づけられている．通常は被保険者本人かその配偶者が出産する場合に適用される．

　医療を社会保険ではなく国の事業として税方式で行っている国々では，資格要件は問わず，すべての市民の出産も含めたすべての医療行為に現物給付が適用されているので，出産費用の保障は改めて考慮する必要なく休暇保障と所得保障でよいことになる．社会保険方式を基礎にしていない国々では，母性保護としても特別な給付が準備されている場合もある．育児休暇制度は，女性のためだけにある制度ではなく男性も適用可能である．男性も平等に取得する義務

を課す国もある.

　母性保護給付としては他にも多様な制度が欧州などでは運用されている. た
とえば, 女性労働者の育児休業中の職歴を保護する法律もある. 育児中の所得
保障だけでなく, その後の再雇用の保障や職業再訓練の費用の保障なども含ま
れる. 母性を保護するためには多様な措置が必要となる.

教育給付

　現代社会は, 少なくとも先進諸国では高学歴化した社会である. 大衆教育の
流れをうけて, ますます多くの若者が高等教育を求めて大学に進学するように
なった. より長期にわたる就学期間のコストをいかに賄うかが問題となってい
る. 貧困家庭の児童が教育機会に恵まれず, 貧困から脱却できない状況にある
ことが問題視されている.

　もともと社会保障とは別に, 教育は国家の責務として教育の無料化を行って
いる国もある. 北欧諸国がこの例であり, 無料でなくても多くの欧州諸国では,
政府の支援のもとに個人の授業料負担はかなり低く抑えられている. 北欧では,
保育園から生涯学習に至るまで, 教育はすべて無料が原則であり, 高等教育で
も生活費から交通費まで支給している国もある. 職業専門学校のようなところ
では, 実習への報酬を支給する場合もある.

　アメリカやイギリスのように教育は投資であると考える社会では, 教育は個
人負担が大きく, 授業料は高額である. 公立と私立で財政が異なる場合も多い.
アメリカでは, 多様なスカラシップがあって学業を支援している. 授業料や寮
費が家庭の所得に応じて減免される制度を運用する国もある.

　授業料の措置だけではない. 就学中の児童を対象に教育のための多様な支援
を制度化している国もある. 社会保障制度として教育手当を運営している国も
ある. 日本は授業料が比較的高額であるにもかかわらず, 奨学金制度は貧弱で
あり, 教育支援は手薄といえよう.

住宅給付

住宅事情は国によってかなり違う．住宅事情が悪く，住宅にかかる費用が生活を圧迫するような国々では，住宅に関する保護策を採用している．持ち家率が低く，借家の世帯が多い国々では，何らかの社会的保護が必要とされる．他方，国自体は貧しくても，たとえば，農業国で持ち家があるのが一般的な国々では，このニーズは少なくなる．

国によって，特に都市部では住宅事情が深刻で，住宅費用が高く大きな問題になっている．したがって，社会保障制度として住宅支援が制度化されている国もある．現金給付に限らず，各種住宅施設の利用が可能な制度を運用する場合もある．住居のない者，特定の条件下にある福祉対象者を収容できる住宅施設の提供などである．日本にもこの種の施設はあるが，ごく少ないのが現状である．一般より安価な家賃の公営住宅棟が該当する．

災害犠牲者補償

自然災害の犠牲者に対して，あらかじめ社会保障の枠組みで準備されている補償制度である．自然災害は，一般的に突発的に大量の被害者を出す性格のものである．このようなリスクこそ個人の対応では賄えないものであり，社会的な対応が不可欠となる．ドイツでは，この種の制度を運営している．

日本では，この種の制度はない．阪神淡路大震災や東日本大震災のように，甚大な犠牲者が出れば，すぐに緊急特別措置法が制定され，補償が具体化される．だが，犠牲者の少ない自然災害では同様の措置はとられないことが多い．犠牲者の数や災害の性質によらず，すぐに適用されるような社会的な保護制度が必要である．とりわけ，地震や台風ほか，自然災害の多い日本にあっては，導入が切望される．

自然災害に限らず，最近は人的な犯罪などによる犠牲者が急増している．多くの場合，損害賠償請求などがうまく機能しない．一般の犯罪であっても，加害者の支払い能力から実際には経済的な補償が得られない場合も多い．理由な

き犯罪の犠牲者では，何らかの補償が求められる．個人間の補償では限界がある以上，公的な補償制度が必要であろう．すでに特定の先進諸国では犯罪被害者の救済制度を実施しているが，社会保障の一環ではない．

福祉的就労

　社会保障は現金給付を中心とするが，そのほかにも多様なサービスも展開されている．福祉的就労とは，たとえば障害者に就労する場を提供することである．支援の方法は多様である．障害者を雇用する企業に奨励金や給付金を支給したり，法律で特定比率以上の障害者を配置することを義務付けたりと，日本でも施行されている．

　より積極的には，障害者に対応しやすい職場を設置したり，そのための財政支援をする場合もある．障害者のための福祉工場もある．その際，企業の社会貢献の一環として実施されることもあれば，政府が財政支援することで直接雇用の場を創出する国もある．

　障害者に限らず，貧困者や母子家庭の母親の就労斡旋サービスもある．たとえば，アイルランドでは母子家庭の母親に公務員職を優先的に斡旋する制度がある．また，失業者や障害者に介護士職を福祉的な就労として提供する制度もある．福祉対象者の就労支援を行うことは，自立支援につながる重要な活動となっている．

2．国以外が行う福祉政策

　社会保障とは，中央政府の行う各種政策を意味する．だが，この枠にとらわれず，政府の行う制度以外にも社会保障と同様な機能を果たしている制度は多数存在している．国によっては，社会保障制度の代替制度として関連制度を有効に活用している．

地方自治体の社会福祉活動

社会保障の特定の制度に関しては，国ではなく地方自治体が主体となって行うような場合がある．地方分権化が強調される現代社会においては，自治体の役割がより重要視され，国の権限が次第に地域に移譲されてきている．特に大国においては，合意形成が困難であり，地方レベルの合意形成が現実的となる．

大国でなくても，リスクによっては地域差がいちじるしく地方自治体ごとの対応の方が機能的であると考えられる場合もあろう．たとえば，失業問題は都市の問題としての性格が強く，農村には失業保険のニーズが少なかったため，歴史的にも都市型保険として成立した経緯があった．

既述のとおり，イタリアでは法定の公的扶助制度が存在しない．だが，各自治体が自治体の法律に従って，同様の公的扶助制度を設置し，運営させている．ほぼすべての自治体が同様の措置を講じているので，機能としては国が行う場合とほとんど変わらないものと評価できる．だが，内容は自治体次第であり，政府も統合や調整には介入しない．

公的扶助に限らず，社会保障の多様な領域では地方自治体のイニシアティブのもとでさまざまな活動が展開されている．とりわけ社会福祉の領域では，多くの国々で地域福祉として地域独自の活動が広く展開されている．

企業福祉・産業福祉

企業は，従業員に対してさまざまな福祉施策を展開している．その典型的な事例は日本である．日本の企業は，法律で定められ強制的に施行しなければならない法定福利厚生のほかに法定外の福利厚生もかなり行っている．企業の経営状況によって変動がある．企業が1人の従業員に対して1ヵ月に支出した企業の法定福利厚生費は，2019年時点で84,392円，法定外福利厚生費は24,125円であった（日経連『福利厚生費調査』2020年）．つまり，法律で強制もされていないのに，日本の企業は，自発的な行動としてさまざまな福祉活動を従業員のために展開している．こうした企業福祉は，社会保障の不備を補う重要な役割

を担っている．あるいは逆に，こうした制度があるからこそ，社会保障をそれ
ほど必要としなかったともいえよう．

　まず，特筆すべきなのは，住宅関係の福利厚生である．日本の企業は，社宅
や独身寮などの従業員の住宅施設を所有し，従業員の利用に供したり，所有し
ている不動産でなくても会社が借り上げて従業員に安く貸したり，多額の費用
負担を住宅関係のために費やしている．企業によって内容には格差がいちじる
しいが，中小企業でも何らかの用意をしている．公務員にも公務員宿舎がある．
他方，住宅に関しては，福利厚生施設としてだけでなく，賃金の諸手当のひと
つとして住宅手当を支給しているのが一般的である．

　住宅以外にも多様な福利厚生がある．欧米にはあまりみられない社員食堂な
ども福利厚生施設になる．このほか，スポーツ施設，保養施設，宿泊施設，保
健施設，企業によっては託児所まで準備する会社もある．欧州では法定福利厚
生費が高いこともあって，企業が従業員のためにこれほど多様な企業内福祉を
行うことは考えられない．

　日本の企業内福祉の充実は，いわゆる「日本的経営」の一環といえよう．終
身雇用制，年功賃金，企業別組合，定年制，退職金制度といった日本独特の雇
用制度の一翼を企業福祉も担っている．工業化が遅れて急速に進んだ日本では，
技能労働者を社内で養成し，企業内に封じ込めてきた．労働市場は非常に閉鎖
的で，有能な人材ほど企業内に留まった．充実した企業内福祉制度も従業員の
企業内定着へのひとつのインセンティブとなっていたはずである．

賃金制度

　先に，家族給付制度との関連で，扶養手当のことを指摘した．扶養手当は，
企業福祉でもなく，日本では一般的な賃金体系として組み込まれている．それ
だけではない．住宅手当も賃金体系のなかに存在する．企業福祉としての社宅
などのサービスと関連するが，賃金の諸手当からも支援している．この他，単
身赴任手当，寒冷地手当とか，特別な出費に対して賃金制度の諸手当という形

で処理している.

　諸手当以前に賃金の中心である基本給に関しても，日本の賃金は欧米諸国とかなり異なる性格がある．年功賃金という名のもとで，日本における賃金水準は年齢と並行して上昇していく．定期昇給はどの業界でも公務員でも一般的である．勤続年数とともに給与が上昇していくことは，別の視点からみるとライフサイクルにおいて家計の上昇分に見合っているといえよう．賃金の上昇があるおかげで，生活費の増加分が何とかしのげることにつながる．これに扶養手当も加わる．つまり，年功賃金は労働者の熟練度の向上を反映して上昇していくと説明されるが，他方で家族の生活を保障する仕組みになっている．

労働協約による保護制度

　日本では企業内で福祉制度が発達したが，欧州では産業別，あるいは，職能別の労働組合レベルで福祉制度が進展していった．労働組合と使用者団体の全国組織の間での合意に基づいて，年金や共済などいろいろな制度が設立され運営されている．これらの制度はあくまでも労使の自治によるものであり，政府は介入しないのが基本である．したがって，社会保障制度とは明らかに法的根拠をはじめ性格が異なるものである．

　しかしながら，各種労働協約に基づく制度は公的な性格をもつ場合が多い．たとえば，適用対象は当該労働組合の組合員のみでなく，同産業あるいは同職種の全国の労働者に強制適用となる場合がある．制度の運営内容をみても，多くの場合，非常に安定的な運営をしている場合もあり，ほとんど社会保障と同じ機能を果たしている．

　たとえば，フランスには社会保障制度として国が行う失業保険は存在しない．労働協約に基づいて運営されている失業補償制度のみが制度化されている．制度の内容は，実質的には他国の社会保障制度としての失業保険とまったく同様である．フランスは年金でも，社会保障の年金は基礎部分だけで，二階部分の年金は補足年金とよばれる労働協約に基づく年金である．全労働者に強制適用

され，インフレスライドも行い，内容では公的年金と遜色<ruby>遜色<rt>そんしょく</rt></ruby>ない.

　欧州には，このような労使の合意に基づく多様な福祉制度が施行されている. もともと労働組合が強力で，市民の支持を広くうけている背景があり，このような産業界の自発的な活動に至っている. 社会保障が全国一律の規定を施行するのに対して，特定の産業あるいは特定の職業に固有の保護が必要な場合もある. 社会的な保護制度も，産業や職業に固有の事情に応じた保護制度を生み出すのもごく自然のことである.

3．社会保障を補う制度

　社会保障制度には属さないが，社会保障制度を補う制度が運営されていることがある. いくつか具体的な事例として紹介しよう.

　第1に，労働法の一環として規定される使用者責任の一つとして実施される制度がある. 比較的短期の，一時的な休暇制度とその間の所得補償が制度化されている場合がある. 突然の家庭事情による休暇などで，社会保障制度の適用はないが，使用者責任のもとで運営される. 病気や事故による怪我なども，社会保障の手続きに時間を要するため，最初の期間は使用者責任で補償される規定をもつ国もある. 労働者にとっては使い勝手の良い制度となる.

　第2に，スウェーデンやイギリスなどの特定の国々では，離婚後の養育費を国が保障する制度がある. 離婚時にその後の養育費の支払いを約束する場合が一般的である. だが，年数を経るとこの約束が守られなくなることがある. 養育費を失った離婚後の片親家庭はたちどころに生活困難に陥る. このような場合，国が離婚した配偶者に代わって養育費を立て替え払いしてくれて，代わりにその後の養育費の取り立てを実施してくれる制度がある. 該当する片親家庭にとっては，非常にありがたい制度である. この制度自体は社会保障制度ではないが，社会保障の行き届かないニーズを補うものであり，社会保障給付と同様の役割を果たしているとも評価できよう.

^第24_回　私的保障

　社会保障全体が財政難のため縮小傾向にあるなか，これを補うべく私的な保障はますます重要視されつつある．社会保障の民営化もこの脈絡に一致する．私的保障は，社会保障の外側に位置するものである．ここでは，社会保障に関係する分野での私的な保障制度を整理してみよう．私的な所得保障制度も各種存在する．まず，所得保障としての金融制度と福祉サービスとに分けられる．

1．企業年金

　社会保障としての公的年金の他に，私的な年金制度が準備されている．日本では，企業年金や個人年金がある．諸外国においては，企業年金よりも産業別，職能別の年金が一般的である．労使協定に基づいた年金制度もある．ここでは，日本の社会保障を補足する企業年金制度を取り上げたい．

　日本の企業年金は，今，転換期にある．現在，日本には大きく分けて4つの企業年金の種類がある．厚生年金基金，確定拠出企業年金，確定給付企業年金，そして，自社年金である．歴史的には，まず，税制適格年金が，1962年にアメリカのモデルを参考にして導入された．特定条件のもとで，企業年金では保険料が損金扱いで課税対象から免除される．通常は，信託銀行や生命保険会社

がこの年金を管理運営する. この年金は退職を条件として, 年金か一時金で支払われた.

1966年に厚生年金基金が導入され, 厚生年金と合体した企業年金が誕生した. 大企業を中心に, 厚生年金の保険料負担の企業負担の一部を企業年金である厚生年金基金の一部として扱うことで, 企業負担を減らして厚生年金と企業年金の2つの制度適用を可能にした. 税制適格年金と厚生年金基金の2つの企業年金は, その後成長を続けた後, 1990年代後半以降の経済不況により企業年金自体が財政難に陥り, 企業年金制度の廃止や解散が続いた.

そうしたなか, 2002年に確定拠出年金が導入され, ひとつの新たなオプションが設けられた. その後, 確定給付企業年金法も制定され, 新たな時代に突入した. 他方, 旧来の税制適格年金は2011年度末限りで廃止された. さらに, 財政難で積立金不足が深刻な厚生年金基金については, 政府は将来的には制度の廃止の方針を示し, 2014年以降は新規の制度新設は認めないことになった.

厚生年金基金

厚生年金基金は1966年に, 政府の行う厚生年金と企業年金を調整することを目的に導入された. 老齢厚生年金の一部を代行し, 併せて企業の独自の上乗せ給付を合体させる企業年金である. 厚生年金基金への拠出は, 損金扱いをうけ課税対象から除外される. 厚生年金基金は老齢厚生年金の一部を国に代わって行うものであり, 基金は特別の法人格をもった組織として母体企業とは別の形で設立されなければならない. したがって, 設立の条件は厳格に定められている.

従業員1,000人以上の企業では, 単独で厚生年金基金を設立することが認められる (単独設立). また, 関連企業と合同で1,000人以上の加入者を取りまとめて基金を設立することも認められる (連合設立). さらに, 同種同業の中小企業などが5,000人以上を集めて設立する場合もある (総合設立). 1990年代後半以降の経済不況によって, 積立金不足が顕著になり, 厚生年金基金の基金数は

急減している．1993 年には 1,804 あった基金が 2016 年には 191 基金へと減少している．

確定拠出企業年金（日本版 401k）

　企業年金の廃止が相次いでいる．本来，企業年金や個人年金は積立方式を基本として，確定給付制度として設計されてきた．つまり，最初に将来の年金額が確定され，拠出期間と予定運用利率が決められ月あたりの拠出額を逆算していく方法である．年金とは 30 年とか 40 年とか長期間にわたる安定的な金融制度であるから，予定利率も 4 〜 5 ％とかなり高めに設定されてきた．

　ところが，長引く経済不況の結果，ゼロ金利時代がやってきた．かつてのような高金利時代は終わり，契約時に予定されていたような運用益は出せなくなった．しかし，確定給付制度では約束した将来の給付額を変更することは許されないため，積立不足部分は企業の追加拠出や生命保険会社の負担となる．これが企業年金を運営する会社や生命保険会社にとってますます大きな負担となってのしかかってきているのが現状である．

　そこで，アメリカの税法 401 条 k 項に定めてある確定拠出企業年金の導入が，日本でもとりわけ使用者側から熱望され，2001 年 10 月に「日本版 401k」として導入された．これにより，確定されるのは将来の給付額ではなく，現在の拠出額となる．将来の年金額については誰も保障しないことになる．企業は追加拠出をしなくてよい道が開かれ，金利変動のリスクは個人が負うものとされた．

　確定拠出年金制度では，運用は銀行，証券会社，保険会社などが行い，各人が自分で運用方法を選択できる．年金資産は個人ごとに管理され，退職時の移行も可能であり，中小企業でも運用がしやすい．確定拠出年金制度には，企業が従業員のために拠出していく企業型年金と自営業者や企業年金が適用されていない企業の従業員が個人で加入する個人型年金の 2 種類がある．

　2002 年の導入時には，企業型 68 件，約 9 万人の加入者でスタートした．

2021年現在では，企業型39,081件，750万人の加入者へと急成長を続けている（厚生労働省資料）．さらに，個人型の確定拠出年金も導入され，成長している．

確定給付企業年金

確定給付企業年金は，拠出金額と加入期間に応じて将来の年金支給額が予め確定している企業年金である．これまで厚生年金基金が行っていた老齢厚生年金の代行部分に関して国にその支給義務を返上し，旧来の上乗せ部分の給付に関する支払い義務を継続するものである．この企業年金は，厚生年金基金から確定給付企業年金に移行する場合だけに限定して認められる．したがって，厚生年金基金がすべて終了した時には新たな設立は見込めない．また，確定給付企業年金は，給付額が予め確定しており，前述のとおり運用によっては積立金不足のリスクを企業が抱えるため，この型の年金を終了する企業も存在する．

確定給付企業年金には2種類ある．まず，労使が合意した規約に基づいて企業と運用を担う信託会社や生命保険会社などが契約し，親企業の外部で年金基金を運営する規約型企業年金がある．他方，親企業と別法人の基金を設立し，基金が独自に運営する基金型企業年金がある．

当初，2003年段階では規約型のみで15件，約3万人の加入者でスタートした．以後，急成長を続け，2019年現在では規約型11,647件，基金型752件で，加入者数は合計して929.1万人に達した（厚生労働省資料による）．

自社年金

最後に，自社年金がある．この制度は拠出金を外部に管理運営委託せずに，自社内で運用する．税制上の優遇策は一切認められないが，逆に，行政による監督や管理も及ばないため，企業が自主的に運営できる．受給権は十分保護されていない．このように自由度が高い特徴があるが，このことは同時に制度への信頼性が不十分であることにもつながる．最近の企業年金改革に際して，以

前から自社年金を運営していた会社は，税制優遇のある企業年金に制度変更を
する傾向にある．

2．退職金制度

　日本の退職金制度は，独特な性格をもっている．社会保障年金が導入される
以前には，企業が老後の保障をする必要があった．企業年金の導入される前段
階では，退職金が大きな役割を果たしていた．退職金制度は現在でも運用され
ているが，その支給額や意義はかつての方がかなり大きかったといえよう．戦
前には，退職金が老後所得保障の主要な制度であった．

　退職金（retirement allowance）は欧米でもみられるが，日本のように高額に設
定されているのは例外的といえよう．何故，日本企業はあれほど高額の退職金
を会社から引退する人に支給するのか．諸外国では，理解しがたいようである．
もともとは，不足していた技能労働者を企業内に定着させるためであった．長
年の同社への勤務への報償として，熟練労働者の企業への忠誠に応える形とな
っている．また，退職金引当金制度の導入によって，税的優遇策とともに賃金
の一部が内部留保されたことも発展の理由であると解釈されてきた．

　退職金は企業ごとに行われており，一般に大企業ほど充実している．しかし，
中小企業でも中小企業退職金共済のような団体で組織化する制度も運営されて
いる．公務員も退職金制度が運営されている．ただ，非正規雇用には退職金は
十分適用されていないようであり，ここで格差問題が生じている．

　他方，失業保険のない時代にあっては，退職金は失業保障の意味合いを持ち
合わせていた．退職金は勤続年数に応じて金額が設定されており，年齢の高い
長期勤続者ほど高額の退職金を受給できる．失業問題がそれほど深刻な問題で
はなかった日本では，退職金が十分な休業補償となり，その間に再就職が可能
となった．

3．個人年金

　年金は国や企業が運営するだけでなく，個人単位でも加入することができる．国が社会保障として行う公的年金，企業が行う企業年金，そして，個人で契約する個人年金の三重の年金加入が今では一般的な老後保障となりつつある．

　制度としては，個人年金は政府の補助もないし，企業の拠出もなく，契約者個人の保険料のみが財源となる．いわば積立金のような制度である．通常は，生命保険会社などと契約することで加入できる．個人年金への保険料は生命保険料控除の対象となることが，僅少ではあるがひとつの優遇措置といえよう．

　保険給付については，終身型か有期型か，遺族給付の有無，その他の条件については個人年金商品によって契約者が選べる．ただ，企業年金と同様に物価調整がないこと，生保会社などの運用リスクといった問題もある．

　個人年金の契約数は長期にわたり増え続けてきた．2010年の個人年金保有契約高95兆7,103億円が，2021年には101兆7,961億円となっている．契約件数では，同じ期間に1,898万件から2,078万件と増えた．2020年の1年間の新規個人年金契約件数は67万件，契約高3兆9,760億円となる（生命保険協会『生命保険の動向』2015年版，2021年版）．

4．民間保険制度

　民間の保険制度は，当然ながら任意の制度ではあるが，社会保障を補う役割や，一部機能を代替する役割も担っている．アメリカには全国民に包括的に適用される公的な医療保障制度が存在しない．したがって，任意加入とはいえ，加入率は全市民の約8割と高くなっている．包括的な公的医療保険の創設を断念したオバマ大統領は，民間の医療保険をすべての市民に加入させるオバマケア制度を創設した．

　日本では民間の生命保険の加入率が高い．簡易保険も加えると9割以上の世

帯が生命保険に加入していることになる．これだけの普及率があれば，任意加入とはいえ，もはや無視できない存在である．被保険者の死亡に際しての遺族への保険金給付は，社会保障の遺族年金の存在意義を弱めてしまう．生命保険は給付形態も多様化し，もはや，死亡一時金の給付のみではなく，医療費の保障も行っている．健康保険でカバーできないような給付も生命保険から支給を受けることができる．

　私的な保険はある程度経済的に余裕のある人でないと加入できないし，比較的裕福な人がさらに大きな保障を得る制度であり，豊かな人から貧しい人への所得の移転につながらないと批判される．社会保障の不備な国々においては，市民の自己防衛のためのひとつの有効な手段となるのが民間保険である．

　前述のとおり，生命保険は日本では9割以上の世帯で加入しており，死亡時の保険給付は遺族にとってはきわめて重要な経済的保障となっている．個人年金も普及がいちじるしく，老後の生活保障の一部としてもますます重要になってきている．国によっては個人年金の政府による保護を行っている場合もある．たとえばアメリカでは，私的年金基金の倒産などによる終了の場合の再保険を政府が運営している．こうした政策は私的な保障をさらに促進する可能性を秘めている．

　生命保険や損害保険に付されている医療費保障も健康保険を補足する給付として重要である．健康保険には高額療養費の保障は制度化されてはいるが，それでもかなり高額の医療費負担となる．民間健康保険は，高額の入院費や手術代，治療費の保障に不可欠の存在になりつつある．さらに，新たな領域として，私的な介護保険も商品化されている．まさに，社会保障の不十分な部分を補うものである．今後の社会保障改革による福祉の後退が余儀なくされることで，民間保険業界にとっては新たなビジネスチャンスの拡大につながるであろう．

　家族給付が不備な日本にあっては，子ども保険や学資保険は重要性が高く，人気商品となっている．教育費負担のピーク時に合わせて，長期にわたって計画的に準備しておく必要がある．特約として，子どもの医療費保障や親の死亡

時保障なども付保する商品もある．

5. 貯 蓄

　貯蓄は，すべてのリスクに対応するものである．ただし，ある程度の意味を成すまでには長い時間を要することが問題である．多額の貯蓄があれば，保険も社会保障も不要だともいえよう．たとえば，数ヵ月分の所得保障しかしない失業保険なら，個人の貯蓄で十分対応できる．それなのに強制適用として，働く限り保険料を徴収されるのは納得のいかない人も多い．

　社会保障制度が全国民に適用される以前の段階では，国によっては政府が国民に貯蓄を奨励することがあった．実は，現在でも同じような事例がある．シンガポールでは，社会保障制度は十分整備されているとはいえないが，代わりに強制的な貯蓄制度がある．この貯蓄の一部は医療費にあてられるし，住宅取得などにも引き出せる．残りの部分は個人的なニーズに応じて利用され，老後の保障にもなる．

　他方，欧州のように社会保障が整備されている国においては，国民は社会保障を信頼しており，個人的な貯蓄に邁進するような行為は一般的ではなくなる．逆に，日本のように社会保障がまだ不十分な先進国では，国民の勤勉性とあいまって貯蓄が美徳とされがちである．日本人の平均貯蓄額は，世界でもトップクラスである．

6. 民間福祉サービス

　以上，私的年金や民間所得保障制度をみてきた．金融商品以外でも，多様なサービスが商品化されている．在宅介護に関しては，各種介護サービス，清掃サービス，配食サービス，外出サポート，介護タクシー，訪問介護・看護など，ありとあらゆるサービスがビジネス商品化している．高齢者や障害者などの福

祉対象者の多様なニーズに応じて，私的な商品として流通している．

　入所施設に関しては，条件を満たさず公的施設に入れない場合，あるいは公的施設を好まない場合，私的な福祉施設が準備されている．経済的に余裕のある家庭に限定されるが，高齢者用の住宅施設がある．そのなかには，各種介護や医療サービスを伴った施設もある．趣味や余暇活動を支援するサービスもある．アメリカでは一般的であるが，日本でも高齢者住宅は広範に普及しつつある．

　最後に，民間福祉というと有料と思われがちであるが，民間でも無償のサービスも存在する．伝統的なボランティア活動もある．古くから各種宗教団体や慈善団体は，多様な無償活動を展開してきた．現在でもこうした活動は引き継がれている．

第 3 部 社会保障の課題
（応用編）

　「福祉国家の危機」が叫ばれて久しい．社会保障が世界でもっとも進んでいる欧州諸国にあっても，近年は社会保障改革が続き，福祉の後退が余儀なくされている．本書第1部では総論として社会保障制度全般に共通する基本的な構造について論じ，第2部では各論として社会保障の制度ごとに比較的詳細な紹介を展開してきた．この第3部では，視点としてはもう一度総論に戻って，近年の社会保障全般が抱える課題について将来展望も含めて論じていきたい．社会保障の課題はたくさんあるが，ここでは重要と思われる論点のみを取り上げたい．

第25回 経済危機と社会保障

「世界同時不況」といわれる時代があった．現在，コロナ感染症の影響で，世界経済は不況局面に遭遇している．社会保障にとって，経済不況というものは非常に大きな影響力をもつ．ここでは，社会保障と経済危機との関係について，触れておきたい．

1．経済変動と社会保障

経済成長期の社会保障

第二次世界大戦後は，世界各国とも混乱期を経て経済成長期を経験した．各国とも混乱した経済の立て直しを計画しながら，社会保障体系を確立してきた．高度経済成長期には，社会保障も急速な発展を遂げた．北欧諸国が福祉国家として台頭してきたのも実は戦後のことであった．

経済成長の過程においては，企業活動も活発になり企業は利益を増やし，国民の所得水準も上昇し続け，政府も税収が増え，財政規模を拡大していった．したがって，社会保障予算も自然に拡大していった．社会保険給付の支給水準は引き上げられ，生活保護基準も急速に引き上げられた．年金などの社会保障給付も常に予想額を上回る支給額を達成していった．

　1960年代から1970年代前半ころまでは，基調としてはこのような状況が継続していった．1973年の石油危機の頃から状況は一変した．とりわけ欧州では，それ以前から英国病が指摘されイギリス経済の低迷が先行していたが，その他の欧州諸国も1970年代以降は経済的な停滞が続いてきた．社会保障改革もこの時期から活発になっていった．経済情勢に合わせて社会保障も後退を余儀なくされた．

経済不況期の社会保障

　経済が不況局面に入ると，企業倒産件数が増え，そうでなくても企業収益は落ち込む．すると，国の税収は当然のごとく減少する．企業の社会保障の負担能力も減退していく．他方，失業者も増えるので，社会保険の保険料収入は減少していくし，所得税や地方税，消費税の歳入も等しく減少していくことになる．失業者だけでなく，税や保険料を払えない病人や年金受給者，貧困者も増えるのが一般的である．

　社会保障の支出の側面をみると，逆に急増傾向になる．失業給付の支出が急増する．高齢者であれば，早期支給で減額されても年金を申請する者が増えるであろう．生活苦に陥り，生活保護受給者は増えるだろう．これまで社会保障を負担する側にいた労働者が，突然，立場を変えて社会保障の受給者となる．社会保障財政は急激に悪化していく．

　以上のように，景気が良い時（社会保障があまり必要でない時）には，社会保障の財源が潤沢にあり，景気が悪い時（社会保障が必要とされる時）には，社会保障の財源が逼迫しているという矛盾が存在することになる．社会保障にとっては，お金が必要な時に入ってこないで，お金が必要でない時にたくさん入ってくるという逆説である．社会保障とは，このような難しい経済構造の上に成り立っているのである．

経済政策としての社会保障

　社会保障は，経済政策の一翼を担う存在でもある．既に，社会保障の歴史で
も触れたように，アメリカでは世界恐慌に直面していた時に，恐慌から脱却す
る手段として有効需要創出政策（いわゆるケインズ政策）を行った．需要が冷え
込んでいることが恐慌の原因であり，民間のレベルでは容易に需要拡大が見込
めなかったため，政府自らが積極的に公共事業を行い，有効需要を生み出した
のであった．

　1935 年に制定された社会保障法も有効需要創出政策の一環としての意味が
あった．社会保障制度による給付として高齢者や失業者などに支給されたお金
は，その支給対象者にとっては生活に必要な生活の糧であり，留まることなく
たちどころに消費に回されていった．つまり，有効需要の創出に直結したので
あった．この効果もあってアメリカ経済は回復していった．一般に，中間所得
者や高額所得者の減税を行うより，貧困世帯の減税や社会保障給付の拡大を行
った方が，需要創出効果は高いと理解できよう．

　また，社会保障は景気調整弁の役割をもつといわれる．1998 年にアジアに
おける金融危機が発生した．欧米先進諸国にはみられないような急激な経済の
下落を経験した．インドネシア，タイ，フィリピン，韓国，マレーシアなどの
国々は新興工業国として，高い経済成長を続けてきた国々であった．ところが，
突然起こった金融危機に足元をすくわれ，異常な事態に至った．賃金が下がり，
失業者が溢れ，生産活動は停止し，物不足から物価は上がり，果ては暴動まで
起こり，政権の交替にまで至った国もあった．

　この金融危機がかくも大打撃となった理由のひとつとして，社会保障の欠如
が指摘されている．失業保険をもっていたのは韓国のみで，その韓国も導入後
間もなくで，失業者の多い小規模企業に適用除外があったため，ほとんど機能
していなかったといわれる．生活保護制度のみならず，アジアでは，年金も労
災も成立していないか，成立していても国民のごく一部にしか適用されないよ
うな状況であった．社会保障だけでなく，労働法の不備もあり，不当解雇が自

由であり，最低賃金も存在しない．労働者としては雇用も賃金も何ら保護されない．

社会保障は一般的に経済変動の社会への影響を和らげる機能がある．企業が倒産して失業者が増えても，すぐに生活に支障はきたさずに特定期間にわたり所得保障され，経済の回復を待って再雇用につなげられる．社会保険による保護がいきわたらない場合は，セイフティーネットとしての公的扶助が最低生活を保障してくれる．社会保障がない社会では，経済情勢の悪化が即座に経済活動へ影響を及ぼし，市民生活は一挙に崩壊する．

経済危機から社会保障危機へ

欧州ではもう既に長期にわたる経済不況を経験してきた．1970年代の石油危機のころから欧州経済は停滞から脱却できないでいた．多少の経済の回復局面もみられるが，基本的にはアメリカや日本などとの競争において形勢不利で，停滞局面に甘んじている状況にあった．程度の差こそあれ，北欧諸国なども例外ではない．こうした経済の停滞が，社会保障の後退を余儀なくした．

経済不況に陥ると，緊縮財政のなかから社会保障関係予算の切りつめが求められてくる．税収の減少により政府予算総額が抑えられる．国債などの借金によって歳入を確保することも行われるが，社会保障予算の自然増を放置することはできなくなる．伝統的な福祉を支えて維持していくことがもはや不可能になってくる．こうして，国民福祉の水準は低下していく．

通常，景気循環は繰り返される．経済不況も一時的なもので，特定の時間を経過すれば，好景気の時期に戻ることが予想される．しかし，場合によっては，経済不況が長期化することもある．特定の国の経済が構造上の問題を抱え国際競争力を失う場合もありえる．景気回復が困難で長期の経済危機に陥ることもある．

このような深刻な経済危機は，社会保障の運営に悪影響を及ぼす．政府の税収は急減し，社会保険の拠出額も減少となる．他方で，社会保障支出は失業保

険や生活保護や医療保険などで急増となる．政府の財政難は，さらなる景気後
退をもたらし，社会保障の後退につながり，悪循環に陥っていく．過去から学
んだ結論は，経済危機は社会保障の危機をもたらすという事実である．逆にい
えば，経済の安定を確保することが，社会保障の安定に貢献するということで
ある．

小さな政府

　社会保障とは政府の行う事業のことであり，福祉を充実させていくというこ
とは「大きな政府」の路線を歩むことに他ならない．たとえば，欧州とりわけ
北欧諸国は進んだ福祉国家であり，市民から多額の税金を徴収し，大規模な政
府予算を組んで大々的な福祉を揃えている「大きな政府」の典型である．これ
に対して，アメリカやイギリスをはじめ自由主義に基づいて「小さな政府」を
待望する主張が強くなってきた．

　アメリカのレーガン大統領，イギリスのサッチャー首相の時代が典型的な新
自由主義政策の時代であった．「小さな政府」とは，政府の役割を小さくして
いき，自由な市場による解決に委ねる立場であった．つまり，政府の社会保障
支出を削減して，政府の予算規模を縮小し，民間福祉や国民の自助努力を期待
する立場である．後述するように，社会保障の民営化が次第に進んでいる．こ
のことも「小さな政府」を目指す行為に他ならない．サッチャー首相は，伝統
的なイギリスの無料の国民保健サービスにおいて患者の自己負担を導入した．

赤字財政と新たな財源

　少子高齢化の影響もあり，社会保障はますます大きな財源を必要とする傾向
にある．しかし，経済が停滞している時期には，より大きな財源を確保するこ
とが困難になる．逆に，支出削減のため，社会保障の給付水準の引き下げなど
を行わざるをえなくなってくる．

　各国政府は，拡大する社会保障のために新たな財源を求めて対策を練らなけ

ればならない．多くの国々では，社会保障の目的税のような新たな税を創設して対応しようとしている．社会保険料の引き上げより財源確保の効果が高く，用途も多様であることから，増税が選択される場合が多い．

2．貿易政策と社会保障

社会保障政策は近年，ますます貿易政策との関係を緊密にしていると思われる．典型的なかかわりをいくつかまとめていこう．貿易自由化の促進は世界経済の発展にとって重要なテーマである．この貿易自由化が各国の社会保障に影響する．

国際競争への影響

社会保障は国によって異なることはいうまでもない．社会保障制度の運営に際して，企業は大きな負担を強いられている．まず，従業員の社会保険料の負担が大きい．日本では折半主義で，保険料の半額であるが，欧州などでは労使交渉などで負担割合が決定される国が多い．一般に会社負担の比率が高くなっている．他方，会社は法人として多額の税的負担を強いられている．その税に基づいて社会保障も運営されている．

賃金などの労務コストと並んで，企業が強いられる社会保障費用は多額に上る．特に，社会保障の水準が高い欧州などでは企業負担率はいちじるしく高い．こうした社会的なコストは，企業にとっては国際競争においてきわめて重要な要素となる．つまり，社会保障負担の安い国が競争上有利となる．そこで，企業の多国籍化に従って海外進出する際，社会保障負担の安い国を選ぶ可能性がある．

国民の社会生活を犠牲にして国際競争に有利に行動することは，社会的ダンピングとして国際社会から非難される．EU域内でも，企業が新たに雇用創出したり，特定の経済的な貢献をした場合に，企業の社会保険料の一部負担免除

や減額を認めたりすることがあった．社会保障を犠牲にして，国際競争に有利にしようとする経済優先の政策であり，社会保障には危険な選択になろう．こうした政策は政府の国内産業の保護・育成にあたるが，公正なる国際競争を歪曲させているとして欧州裁判所では違法判決も下されている．このように社会保障を舞台に国際経済競争が展開されている．

二国間社会保障協定

　後述のように，近年，日本も二国間で社会保障協定を締結している．この背後にあるのも，経済的な要因である．これまで海外進出する日系企業は派遣される労働者の社会保障は日本と当該国と二重適用となっており，企業も両国で拠出を強制されてきた．二国間社会保障協定の大きな目的は，この二重適用のうち 5 年未満の短期滞在を計画する労働者派遣の場合，当該国の社会保障の強制適用を免除することにある．このことによって企業は大きな負担から解放され，コストの削減となり，国際競争上も有利な立場になる．

　他方，社会保障協定を結ぶことは，受入国にとっては日系企業の誘致につながる．日本企業の進出と投資を歓迎する国々は競って社会保障協定を日本と締結したがることになる．このことが国益にもつながるからである．かつて，税的優遇策が外国資本の誘致のために利用されてきた．現在では，社会保障協定も同じような脈絡で活用されつつある．

EPA と人の移動

　日本でもインドネシアやフィリピン，ベトナムなどとの EPA（経済連携協定）の結果として，看護師や介護福祉士の受け入れが始まっている．EPA という貿易政策の一環として，日本の医療や福祉現場ではサービス供給側が一挙にグローバル化し始めている．医療サービスや福祉サービスが外国人によって提供されることになる．しかも，この EPA はサービス貿易の自由化の脈絡のなかで起こっている現象である．つまり，専門職労働者の海外でのサービス提供が

サービス貿易の一環として位置づけられている.

　もはや，貿易政策と社会保障は切り離せない存在となってしまった．貿易立国である日本も好むと好まざるとにかかわらず，これに追随していかなければ日本の将来が見込めない事態に至っている．今後も，これらの事例に続いて開発途上国をはじめますます多くの国々と同様の EPA が展開されていくだろう．その結果，日本の医療や福祉の現場に向けてますます多くの外国人が日本にやってくるであろう．

^第26_回　高齢化社会と社会保障

　少子高齢化は，社会保障に対して大きな影響力をもつ．ここでは，「高齢化社会」と「高齢社会」の違いに焦点を当てて，社会保障との関連を考察していこう．65歳以上人口が全人口の7％を超えると「高齢化社会」，14％を超えると「高齢社会」となる．

1．高齢化社会の衝撃

人口の高齢化

　人口の高齢化が社会保障に大きな影響力を及ぼす．典型的には年金が論じられるが，医療や福祉サービスをはじめ，社会保障全体にとっても人口問題は非常に大きな意味をもつ．人口高齢化は事実であるが，高齢化の問題はマスコミや特定の利害関係団体によって過大に強調されすぎていると思われる．

　この問題の発端は，出生率の低下である．平均寿命も伸びているが，ごく僅かで緩やかな伸びである．急速な高齢化社会は，少子化によってもたらされている．近年の若い世代では，ますます子どものいない家庭が増えてきている．まず，結婚しない人の比率が増えている．また，結婚しても，子どもを伴わない夫婦の比率も増えている．他方，戦後60年を経て戦後のベビーブーム世代

が年金世代に突入したころから，人口構成は高齢化のピークに近づきつつある．

　国立社会保障・人口問題研究所の将来推計によれば，65歳以上の高齢者人口比率は1995年には14.6％であったが，2025年には27.4％，2050年には32.3％に達すると予想されている．高齢者人口も1995年の1,828万人が，2025年に3,312万人，2050年に3,245万人になると予想されている．

高齢化社会危機説

　「高齢化社会」や「高齢社会」が論じられるようになって久しい．だが，その論調はいつも「危機」を煽ったものである．この大キャンペーンは実態以上に，かなり偏向した見方に固執しているように思われる．「高齢化社会危機説」を唱えるのには，それぞれ特別な理由があるように思える．いくつかの利害関係に立って考えてみよう．

　まず，生命保険業界の関係者は，しきりに「公的年金は危ない．高齢社会では，年金がもらえなくなる」と危機感を募らせて，「自分のことは自分で守らないといけない時代だから」といって，個人年金商品を勧めている．生保業界に限らず，おそらく金融業界全体が自由化の波に乗っており，社会保障が解体して民営化した方が市場は拡大し，ビジネス・チャンスが増えることになる．金融業界には高齢化社会危機説が業界の利益に適った都合の良い論理となる．

　マスコミは高齢化社会に限らず，何でも「危機」としたがる傾向にある．平凡で刺激の弱い論調では，新聞や雑誌は売れないであろう．危機を煽った方がやはり業界の利益につながることは間違いない．もちろん，根拠がまったくない主張ではない．だが，見方が偏っていないか．もっと広い視野からみれば，「危機説」一辺倒ではないはずである．人びとがより長く生きていける社会は，もっと歓迎されるべきではないか．

　実は厚生労働省にとっても，「高齢化社会危機説」は都合の良いものとなることがある．国民全体の不安と広い期待があるならば，厚生労働省の仕事はやりやすくなるであろう．対財務省との関係においても，予算を獲得しやすくな

ることは間違いない．介護保険という新しい大きな制度もできて，厚生労働省の縄張りは広がる一方である．行革の時代に国民の支持は最大の味方となる．高齢化社会危機説を強調するほど，厚生労働省は活況を呈することにつながる．

　他にも，「高齢化社会危機説」を強調する業界や組織もあるであろう．だが，客観的に広い視野からの主張かどうか疑わしい．それぞれ特定の利害集団の弁である場合が多いように思われる．いろいろなオピニオン・メーカーの主張に惑わされずに，高齢化社会を再考察してみる必要がある．

問題の所在

　さて，高齢化社会の何が問題なのであろうか．人びとが長生きできる社会は望ましい社会でもある．人生が長くなって，余暇生活を楽しむ時期が長くなるのであり，ヴァカンス好きなフランス人などは大喜びであろう．社会学者のなかには，高齢化社会を比較的肯定的に受け止めている人が多いように思われる．

　高齢化社会危機説は，エコノミストが強調することである．よく指摘される問題は，年金制度における負担の増加である．賦課方式を前提としている年金制度では，現役労働者数と年金受給者数の割合が個人の負担率を決定してしまう．かつては 6 人の現役労働者で 1 人の高齢者を支えていたが，これからは 3 人の現役労働者で 1 人の高齢者を支える社会となる．現役労働者の負担が増加することになる．

　ここで明らかにしておきたいことは，問題の核心は負担割り当てが変わることであろう．しかし，どの人口推計でもピークが 2020 年代以降にやってきて，それ以後には人口構成は安定してそれ以上は高齢化していかない．現役労働者の負担も上がりきったところで静止し，それ以後は落ち着くことになる．問題はそれまでの時期に集中するといえるだろう．つまり，この問題は今後の 20 〜30 年間を過ぎると一段落する．

　もちろん，ピーク時以降は負担率が変わらないとはいえ，高い状況にかわりはない．だが，高いことだけでは問題は小さいと考える．負担が低い状況から

高くなる変化が問題であり，世代間の負担の不平等の問題もここにある．つまり，特定の年代層が負担した以上の給付を受け取り，別の世代が負担したよりかなり低い給付しかうけないという世代間の不平等が大きな問題の核心となっている．どの世代の負担も等しく高い給付が維持されれば，それはそれで納得がいく部分もあると思われる．北欧諸国の国民は非常に重い負担を社会保障のために強いられているが，それも十分な福祉の恩恵をうけられることで大多数の国民は納得している．もし，特定の年代層だけだとしても，重い負担をさせられながら自分たちには少ししか恩恵が得られなかったら制度への合意は得にくいはずである．

所得再分配と連帯

高齢社会の問題の核心は，世代間の利害対立であろう．しかし，原点に戻って考えたい．社会保障とは，もともといろいろな利害の人が全員参加し，連帯のもとで成り立つ制度である．世代間に限らず，いろいろな利害対立が組み込まれている．一例として，男女間の利害対立に触れたい．年金は男女間で大きな違いがある．平均寿命は，男女間で約6年の違いがある．女性の方が男性よりも平均で6年間も長く年金が受給できるのである．年金受給総額で考えても，大きな格差に相当する．他にも，保険料を負担しないで年金が満額支給される第3号被保険者（サラリーマンの妻），さらに，遺族年金も女性に有利な点が多い．こうした大きな格差があるのにもかかわらず，これを問題視して，男女別々の制度にすべきとか，保険料率を変えるべきなどの主張は聞いたことがない．

他にも，地域別の利害格差から，産業別，企業規模別，制度別などの多様な利害関係の格差が存在する．社会保障は，こうした多様な利害の相違を超えて，連帯の名のもとにすべての市民をひとつの制度に統合してきた．制度はむしろ分裂より統合されながら発展してきた．ここで世代間の利害だけをことさらに問題視するのは時代に逆行するように思える．もし，利害対立の解消を主張す

るのであれば，社会保障の存在意義を否定することにもつながる．

想定されていない前提条件

　多くの記事や論文が，「このままいったら，数十年後に年金が……になる」という表現に終始している．ここでいつも疑問に感じるのは，「このままいったら」という点である．将来の年金財政を決定するのには多くの変数があるはずである．それらを所与のものとして，人口推計と年金負担のみの因果関係を予想してみたところで，それがどの程度信頼しえるのか疑問である．そもそも，比較的短期の年金の将来推計においても，厚生労働省の予測は的外れに終わっていたことがたびたびあった．長期の人口推計に基づいた年金財政の推計がどれだけ信頼に耐えうるか．

　実は，「高齢化社会」が叫ばれてから以降の状況をみると，予想以上に少子化が急ピッチで進んでおり，年金財政もより深刻化しそうな勢いである．だが，他方で，女性の労働力化が進んでいる．介護保険の導入をはじめ，高齢化社会の到来は女性雇用の機会を急速に拡大していくであろう．北欧でも戦後の福祉の拡大と並行して女性雇用が拡大していった．たとえ少子化で人口は減少しても，女性の労働力化が進展することで，年金財源には大きな貢献をすることになる．つまり，女性労働者が拠出を必要としない第 3 号被保険者から自ら拠出する第 2 号被保険になって，年金財政に貢献してくれるのである．

　高齢者雇用の促進も年金財源に大きな影響を及ぼす．定年から年金支給年齢までの期間の雇用が拡大され，労働力率が高まれば，やはり，年金財源に貢献する．受給者が減り，拠出者が増えることになる．財政方法を賦課方式から積立方式の部分を拡大することも，人口高齢化の衝撃を緩和できる方法である．年金の議論は，実は多くの他の議論と絡んでくる．公的年金は基礎年金一本とし税方式で運営し，厚生年金などの二階部分は民営化させるとの提案もある．まだ，少数派の主張ではあるが，これが実現すれば高齢化社会の衝撃は薄まってしまうであろう．

医療への影響

　高齢化社会の問題は，年金制度だけに限らない．医療保障への影響も非常に大きい．高齢者が増える社会とは，病人が多い社会でもある．一般的には，やはり，高齢になるほど病気の人の比率が高いことは明らかである．生活習慣病は年齢とともに増加する．認知症患者も増え続けている．

　高齢者とは収入を主として年金のみに依存しており，病気がちな高齢者に多額の医療費を負担させることは困難である．したがって，高齢者には保険原則に基づくような高額保険料や高い患者負担を強いることはできない．その分は現役労働者の負担で賄ってもらう他ない．医療保障制度においても，年金制度と同様に世代間の連帯が不可欠である．つまり，健康でリスクが少なく負担能力の高い現役の若い労働者から，病気がちでリスクの高い負担能力の少ない高齢者への所得の移転が必然となってくる．

　もちろん，医療費の増大は人口高齢化だけによるものではない．医療技術の進歩によって，高齢期の病気において命を落とさずに済むようになってきた．人生の最終局面で，体力や気力が衰えても，延命治療などを施してその後も生き続けることができるようになった．医療技術の進展それ自体は歓迎すべきことではあるが，同時に医療費の増加を受け入れなければならない．

　実際に，近年の医療保険制度の赤字の最大の原因は，高齢者の医療費負担の増大を賄いきれないことにある．ある意味では，年金問題よりも医療問題の方が深刻である．何故なら，年金にはいくつか解決の手段がはっきりと存在するが，医療費増大には根本的な解決策が見当たらないからである．

その他の社会保障への影響

　年金や医療のみならず，高齢化の影響はいろいろな制度に対して大きくなっている．医療の延長上でいえば，高齢者ほど介護の必要性が高くなる．介護保険への依存が強くなってくる．各種老人福祉施設も必要性を増す．老人病院や老人保健施設，介護や看護サービスを行う施設も増やさなければならない．

障害者は高齢者に多い．長く慢性の病気にかかった人であれば，障害に至る場合も少なくない．年金受給前であれば，高齢失業者で再就職が困難な人も多く，高齢化によって失業給付も収支バランスに大いに影響するであろう．長寿社会では，女性の平均寿命は男性よりかなり長く，遺族年金の受給件数も増えていくであろう．高齢者とは，多様なリスクに取り囲まれているカテゴリーであることがわかる．したがって，社会保障財政の視点からいえば，高齢社会とは避けられない財政難の社会ということになる．

2．日本の高齢社会の問題

人口の問題に限らず，日本には高齢社会の問題を深刻化させる独特な背景があるように思われる．ここで，日本の問題を改めて論じたい．

定年制

日本の高齢社会の問題の根源は定年制にあると考える．定年制度は日本に独特の制度であり，この制度があることで高齢者の問題が顕在化している．定年制は，年齢を理由に強制的に離職させる制度であり，引き続き労働を続けたいと希望する高齢者にとっては，労働権の侵害にもあたるし，欧州であれば不当解雇に匹敵する．

周知のとおり，アメリカには年齢差別禁止法があり，年齢を理由に差別してはならないことになっている．欧州でも最近になって同様な年齢差別禁止法が制定されたり，準備されつつある．日本の定年制をそのままアメリカで施行したら，年齢差別禁止法に抵触し，違法行為と判断されるであろう．欧州では，通常，解雇は解雇手当を支給することで認められる．解雇手当の額は勤続年数によって決められるので，年齢が高い長期勤続者を解雇するのには多額の手当を必要とする．したがって，企業からすれば，長期勤続者は解雇しにくくなるため，保護されていることになる．

日本の定年制は，正に年齢を理由にした解雇に他ならない．日本社会においては，もはや，終身雇用制度，年功賃金制度，企業別組合，退職金制度とあいまって「日本的経営」の一環をなしている．日本では，広く市民に定年制は受け入れられてしまっているので，誰も疑問にすら思わない．だが，国際比較すれば，明らかにこの定年制が高齢者雇用においては日本固有の問題の核心部分をなしていることがわかる．

年金年齢

欧州では定年制度はなく，通常は年金年齢が退職年齢となる．フランス語では，「退職」も「年金」も同義語 (la retraite) である．つまり，年金年齢と退職年齢は同一であり，年金年齢まで働くのが一般的である．年金が受給できるから退職するのであり，年金が受給できなければ退職できない．したがって，年金年齢以前に会社の都合で辞めさせられるのは不当解雇になる．

日本の現状では，定年年齢はほぼ60歳あたりであり，年金年齢は65歳となった．つまり，5年間の所得のない時期が，社会制度の不備でつくり出されているのである．欧米の先進諸国で，このような状況にさらされている高齢者はいない．もちろん，高齢失業者はいるが，それは個人や企業の責に帰するものであり，社会制度上の問題から生じたものではない．このような状況を放置せず，高齢者雇用が積極的に促進されるべきであろう．

改正雇用安定法

2004年の改正高年齢者雇用安定法は，これまで「努力義務」であった65歳までの雇用を2006年から2013年までに完全に義務化することを明記した．企業は，定年延長や継続雇用を行い，段階的に65歳雇用を2013年までに達成しなければならなくなった．企業はこれまで定年延長にはコスト上昇を考慮して慎重であったが，近年の少子化による基幹労働力不足への対応として，高齢者雇用を受け入れる方向にある．社会保障においては，年金支給開始年齢の引き

上げに対応し，定年年齢と年金年齢の間の所得の空白期間をなくすためにも65 歳雇用は望ましい．高年齢者雇用安定法はさらに改正され，2021 年 4 月 1日より対象が 70 歳に設定され，定年制の廃止，もしくは定年の引き上げ，あるいは継続雇用などの方法で 70 歳までの雇用を提供することを企業の努力義務と規定した．高齢者の雇用は今後も増えていくことになろう．

^第27_回　就業形態の多様化と社会保障

第二次世界大戦以降，各国は平和で民主的な福祉国家を目指して社会保障を構築してきた．だが，その社会保障の基本設計の段階であった戦争直後の時期と 70 年以上を経た現在とでは，その前提となる社会構造が大きく異なってきている．そのひとつは，就業形態の多様化である．

1．多様化する就業形態

典型的な就業

たとえば，戦後の社会保障制度導入にあたって参考にされたベヴァリッジ・リポートは周知のとおり，1942 年にイギリスで公表された．その当時は，男性の正規雇用を暗黙のうちに前提としていたといわれる．つまり，現在のような多様な就業形態は存在せず，ほとんどすべての雇用が今でいうフルタイムの正規雇用ということになる．しかも，女性の雇用はかなり限られていたので，女性は専業主婦として扱われることが一般的であった．実は，イギリスは今でも女性の労働力率は他の先進諸国に比べて低い状況にあり，伝統が堅持されているといえるかもしれない．

イギリスでなくても，ほぼ同様のことが他の先進諸国でもいえよう．日本で

226

も，戦争直後には，女性は専業主婦として夫の加入する社会保険に家族構成員として関係する存在であった．しかも，夫の雇用は正規雇用であり，特別な措置は何も必要とされなかった．社会保障の適用方法も単純に設計されていた．

女性労働者の増加

ところが，戦後これまで女性の労働力率は継続的に上昇し続けている．かつては，例外的な，あるいは，少数の存在であった共働き世帯も，今では多数派となっている．北欧諸国では女性の大多数は結婚や出産を経ても雇用を継続するのが一般的であり，男性の労働力率と女性の労働力率とはあまり変わらない水準に達している．

日本では，多くの女性が結婚や出産を契機に就労を中断し，子育てが終わった頃に非正規雇用に従事するのが一般的である．2018年現在の15歳以上65歳未満の女性の就業率は，日本の69.6％に対して，スウェーデンの76.0％，ニュージーランドの73.0％，イギリスの70.5％，ドイツの72.1％となっている（労働政策研究・研修機構『2019データブック国際労働比較』2019）．

高齢化社会の到来，そして，介護保険の導入によって，民間福祉部門の発展は確実なものと予想できる．福祉とは典型的な女性雇用の場であり，その結果として，女性雇用を急増させることは間違いない．働く女性が少数であった時代は終わり，日本も本格的な雇用機会均等の時代に突入する．このこと自体が，社会保障の基本的な構造に大いに影響を与える．

外国人労働者の増加

就業構造のもうひとつの大きな変化は，労働力移動の国際化である．グローバリゼーションは，いろいろな領域で叫ばれているが，労働力の移動や，それに伴う社会保障の適用に関しても国際化の大きな波をうけている．外国からたくさん労働者が日本に入ってくる一方，日本からもたくさんの労働者が海外に進出している．

　かつては，労働者といえば国内在住の国民を暗黙のうちに想定していた．経済学でも，「資本は国境を越える」とは学んだが，労働者は国内の人を所与の条件としてきた．労働力不足であれ，大量失業時代であれ，労働者は国内完結を想定していた．ところが，最近は外国人労働者が増えた．建設現場や製造業，サービス業などにおいても，外国人を頻繁にみかけることができるようになった．

　他方，「産業の空洞化」が叫ばれるようになった．かつて，海外駐在員というと，多くは専門職や管理職であったが，今では工場がそっくり海外移転したりするようになった．工場のスタッフがそっくり現地に赴任し，現地従業員と仕事をする時代になった．社会保障もこうした国際化に対応を迫られている．

短時間就業（パート労働）

　パート労働者の数は，国際的に増加傾向にある．ただ，「パート労働」という定義が，国によって異なる場合がある．日本では，パート労働は低賃金で，いつでも解雇できて，使用者にとって便利な就業形態となっている．欧州では，パート労働とは労働時間が短いだけで通常は正規雇用として扱われている．つまり，短時間ではあるが恒常的な労働形態のひとつであり，労働者の権利も賃金や企業福祉も含めて労働時間に応じて平等に扱われる．つまり，企業にとってはパート雇用は人件費の合理化策とはならないといわれている．

　パート労働者は典型的に女性に多いが，近年は特に欧州では完全失業を回避するためにパート労働に従事している男性も多い．また，部分年金の受給と同時にパート雇用に従事し，労働時間を徐々に削減していく人もいる．いろいろなニーズに応じてパート労働も活用されている．

　日本では，子育てが終わった中高年の主婦が日中の時間を利用して行う雇用形態としてパート労働が典型化している．そこでは，パート労働は多くが単純労働であり，女性がやりやすい労働であり，臨時労働である性格が浮き彫りにされている．だが，今後の規制緩和の時代には，きわめて技術的に優秀な人材

の高い能力を広く社会に活用するための雇用形態として，短時間労働が普及し
ていくものと予想される．創造的な仕事は，労働時間が長ければ良いというも
のではないはずである．

派遣労働

　近年，成長いちじるしいのがこの派遣労働である．世界的な普及をみせてい
る．日本でも一般企業にも浸透してきている．終身雇用を基本としてきた日本
企業にとって，職場のありかた自体を変える雇用形態として注目されている．
目下のところ，どのような職種，どのような業務において派遣労働の代替が可
能か吟味されているところであろう．

　任期制と同様に，派遣労働者であれば，当初から期限つきで派遣され，仕事
の内容によって派遣を中止させたり，継続したり判断できる．受け入れ企業に
とっては派遣労働者とは直接の雇用契約ではないので，使用者として社会保険
の保険料負担の義務がない．企業にとっては，やはり，派遣労働は便利で安あ
がりなものとなる．派遣労働の場合は，かつては特定の専門的な職業で普及し
ていたが，最近は多様な職種，産業においても普及しつつある．

期間の定めのある雇用（任期制）

　プロスポーツや大学でもそうであるが，最近はいろいろな領域でこの任期制
の雇用契約が盛んに活用されるようになってきた．かつての終身雇用制の伝統
とはまったく違う方向に進んでいる．企業にとっては，任期制はコスト削減に
つながるであろう．終身雇用では，企業に貢献しない労働者であっても排除で
きない．企業に貢献する人材であることがわかれば，任期を延長すれば良いし，
そうでなければ，期限満了をもって雇用関係を終了できる．退職金も合理化で
きる．結果的には，雇用期間は総じて短くなる．

非典型雇用の台頭

　以上の雇用形態の他にも，季節労働（出稼ぎ労働），期間工，日雇い労働，契約社員，フリーターまでかなり多様化してきている．本来のフルタイムの正規社員という雇用形態に対して，このような各種の雇用を総括して「非典型雇用」と称している．非典型雇用は不安定雇用であると評されることがある．だが，最近の状況をみると，必ずしも不安定ではない場合もある．正規社員よりも活況を呈しているような場合もみられる．また，必ずしも低賃金の単純労働ばかりではない．まさに，多様化しつつあるのが現状であろう．

2．社会保障制度の適用

　このような雇用の非典型化に対して，旧来の正規雇用を想定していた社会保障は対応に苦慮することになっている．つまり，戦後の社会保障を設計した段階では，上記のような非典型雇用はほとんどなく，男性の正規社員と専業主婦の世帯を想定していた．想定外の事態に陥って，社会保障は動揺しているのである．

女性労働・パート労働

　日本で現在まさに議論の的になっているのが，働く女性と専業主婦の関係である．日本の税制では，年収 103 万円を超えると専業主婦であっても課税対象となり，さらに，夫の所得から配偶者控除も適用除外となる．つまり，この年収ラインを境に手取り収入が一時的にせよ減少してしまう．

　他方，これまでは社会保険が年収 130 万円を超えると適用されることから，自分の保険料も一挙に負担しなくてはならなくなる．年金に関しては，自ら厚生年金などの受給権が認められることになった．健康保険では，夫の健康保険に適用されており，保険料を新たに納めても給付面でのメリットはない．

　パート労働者への社会保険の適用に際しては，日本は独特の縦割り行政によ

って，制度ごとに扱いが異なる．雇用保険は労働時間のみを要件として，週あたり 20 時間の労働時間を超えると適用となる．労災は，就業形態に関係なく適用される．年金と健康保険は年収 130 万円と労働時間（正社員の 4 分の 3 以上）の双方を要件として，適用されてきた．

　政府は，以前からパートタイム労働者を社会保障の担い手に組み込もうとしてきた．そこで，適用条件の緩和が図られた．以下のすべての条件が満たされる場合に，パートタイム労働者も社会保険の適用対象に含めることになった．

- 労働時間が週 20 時間以上
- 賃金月額が 88,000 円以上
- 従業員 51 人以上の企業（2024 年から）

　周知のとおり，専業主婦の場合，保険料は徴収されずに老齢基礎年金が支給されている．このことが，特に働く女性から不平等との指摘が出ている．女性労働者の増加につれて，この意見はさらに強まっている．サラリーマンの妻が該当する第 3 号被保険者制度の改正が議論に上っている．

　社会保障の財政難が続くなかで，特別な保護をうける余地が狭まっている．パート労働者にも税金や保険料を負担してもらえれば，税収，保険料の財源も大きな助けになる．いずれにしても，年収基準で区切るのか，労働時間で区切るのか，統一すべきであろう．私見をいえば，今後の就業形態はますます多様化するであろうし，労働時間で管理することはますます困難になることが予想される．欧州では，労働時間で管理する場合が多いようであるが，日本では厳格な時間管理に馴染まないと思われる．さらに，年金と税金との調整も必要であろう．関係省庁間の縄張りを越えて，本格的な検討が望まれる．

派遣労働，短期雇用

　派遣労働に関しては，派遣会社と派遣社員との間の雇用関係を想定し，派遣会社が社員の社会保障の保険料を支払うことになった．ただし，等しく「派遣」とよばれても，単なる人材紹介の場合もあり，区別が必要である．派遣社

員の受け入れ企業は社会保険料の負担が回避されることで，安上がりで便利な雇用の形となっている．社会保険の適用に際しては，公平性の視点から，まだ問題を残している．また，短い期間の臨時労働には社会保障は適用されないのが建前である．

　正社員でない場合も，就業形態にかかわらず，国民年金や国民健康保険は加入義務がある．年金でいえば，二階部分の厚生年金の適用が問題になる．短期間就業，しかも，短時間就業も含め，さらに，多くの企業を渡り歩くような労働生涯ともなれば，社会保障の管理・運営において複雑になっていくであろう．

　周知のとおり，日雇い労働者に関しては，日本の社会保障は特別な制度を構築してきた．就業形態に応じてそれぞれ別個の制度を設けることは好ましくないと考える．欧州の多くの国々のように，単純な制度設計で包括的に適用させる方法の方が運用しやすいと思われる．いずれにしても，非典型雇用労働者にも社会保障が漏れることなく適用されるように検討が必要である．

第28回　社会保障の民営化

　社会保障においても，民営化が次第に進められている．悪い影響とよい影響
がある．国によって，制度によって，社会保障の民営化の進捗状況はかなり異
なる．日本の状況を中心に論じていこう．

1．民営化の背景

「民営化」の概念

　日本では，「民営化」というと，日本国有鉄道がJRに変わったような急激
な変化を想定されるかもしれない．だが，社会保障における「民営化」とは，
非常に穏やかで，ゆったりとした動きを指す．もともと，社会保障とは政府が
行う公共事業であり，私的に対応不可能な部分が国に任されているわけである．
一日にして業務を民間事業に移管するようなことは，非常に難しい．「民営化」
とは，社会保障の領域では，国の行っている機能の一部を個人や企業，家庭な
どの民間の制度によって代替していく過程を指すことになる．

経済的な圧力

　それでは，何故民営化か，という問いから始めよう．いろいろな民営化があ

ると思われるが，最近の社会保障の民営化に関しては，前向きに民営化に向かっているのではないように思われる．社会保障を民営化している国々が等しく福祉国家を捨てて，新自由主義路線を積極的に選択したのではない．政府の財政難から充実した社会保障を維持していくことが困難になってきたため，政府が政策を後退させていることから，社会保障の一部機能代替として民営化に至っている場合が多いと理解できよう．

　政府や自治体の財政難から，社会保障の支出を削減させるための手段として民営化が選択されていると理解できよう．社会保障制度の維持，管理，運営の費用が民営化によって削減できる．また，新たな事業やサービスを創設する場合であれば，当初から政府に頼らず民間主導で立ち上げる場合もあろう．

補足給付制度の発展

　欧州では，社会保障の民営化の議論の際には，必ずといってよいほど「補足給付」制度が論じられる．「補足給付」制度とは，国によってその内容が一様ではないが，法定の社会保障制度の周辺領域において，社会保障制度とほぼ同様の機能を果たしている制度である．ただし，イギリスなどのように「補足給付（supplementary benefits）」は公的扶助制度の一環であり，まったく違う趣旨の制度となる場合もある．国によって意味する内容がいちじるしく異なるので注意されたい．

　補足給付で一般的なのは，労働協約に基づいて設立され，運営されている各種補足給付制度である．医療給付や年金等々国によって多様である．社会保障の民営化という場合，完全な民間制度の導入となるよりも，もともと存在する準公的な性格の強い補足給付制度の役割を大きくしていくことが自然で容易な民営化ということになる．

　日本でいうならば，企業福祉制度が補足給付制度といえよう．まったく私的な制度ではあるが，企業が国に代わって従業員の福祉に貢献する制度を運営しているのである．企業福祉の発展は社会保障の阻害要因ともなってきた．欧州

では，労働組合運動が産業別，職種別に組織化されていたことに伴い，補足給付も同じく産業別，職種別に全国レベルで制度化されてきたのに対して，労働組合が企業別組合で成り立っている日本では，企業別の福利厚生ということになる．

民間福祉団体の役割

　民間福祉の展開は各国各様である．アメリカのような国では，連邦政府にはあまり頼らず，自分たち自らが福祉活動を行っていく伝統がある．たとえば，アメリカでは包括的な公的医療保障制度が不在であるが，他方で民間のフリークリニックがある．医療従事者のボランティアと教会をはじめとする寄付金によって，無料で医療サービスを社会的弱者に提供している．

　欧州でも公的な保障が一方で進むのと同時に，民間団体が多様なニーズに対応して独自の活動を展開している．政府ではできない，あるいはやりにくい活動に民間団体が進出している事例も少なくない．たとえば，国際赤十字社，あるいは，アムネスティーインターナショナルなどは，政府では決して行うことができない活動をNGOとして中立の立場を駆使して実践している事例である．

2．各制度における民営化

健康保険

　医療保障においては，近年，改革が各国で続けられている．欧州大陸諸国は，医療保障としては社会保険方式が一般的であるが，オランダとドイツでは民営化が進展している．まず，オランダでは，年間所得が一定水準を超えると政府の健康保険への加入が除外され，自ら民間の健康保険に加入せざるをえなくる．ドイツでは，特定の年収水準を超えると，政府の健康保険と民間健康保険のいずれか一方を被保険者が自由に選択できるようになる．かつては，ともに政府の健康保険のみが施行されていたので，この動きは大きな変化を意味する

だろう.

北欧諸国では，本来，医療機関はすべて公的機関であったが，近年，民間の病院も出現している．北欧においても特別な医療や高価な医療を希望する顧客も存在する．原則無料の北欧医療にあって，有料の民間健康保険も販売されている．これまで医療はすべて国家管理下にあったものが，民間制度の台頭が北欧でもみられる.

医療保障の民営化は，以上のようなドラスチックな変化だけではない．健康保険の財政悪化によって，患者の自己負担額が増額されたり，保険料負担が引き上げられたり，保険給付率が引き下げられたり，保険の適用対象が狭く限定されたり，いろいろな財政緊縮政策が展開されている．これらの政策は等しく政府が行ってきた役割を，患者，保険加入者，企業などが代替していく過程であり，これらも民営化の諸手段ともいえよう.

日本では，保険診療と自由診療を併用する混合診療は原則禁止されてきた．しかし，規制緩和の流れのなかで次第に解禁への議論が活発化してきた．2006年の医療制度構造改革によって，保険外併用療養費制度として評価療養と選定療養が認められた．また，2015年には患者申出医療も新たに認められることになった．この一連の動きも民営化の過程と理解することができる.

老齢年金

老齢年金制度は，社会保障制度のなかでももっとも財政規模の大きな制度であるが，ここでも民営化は進行しつつある．年金は通常，複層化している．全国民に共通する基礎年金のような制度が一階であり，職域で公的な所得比例年金が二階に相当し，企業年金や個人年金が三階となる．この構成，さらに，各制度の性格は国によって異なる．民営化の方法も国によって異なる.

たとえば，日本で一部の専門家が主張しているのは，政府は基礎年金を税方式で運営し集中的に保護し，厚生年金などの二階部分は完全民営化するという意見もある．さらに，三階部分もさらに奨励していき機能を強化させようとい

う主張もある．実現は困難であろうが，これにより政府の役割が変わることを意味する．政府の役割を後退させ，その代わりとして民営化が進められようとしている．

　各国とも政府の財政難があって，公的年金は後退せざるをえない．その削減分を埋め合わせるべく私的な年金を政府が支援しているのが現状であろう．たとえば，職域年金で政府の年金との代替を認める年金を奨励していくことも民営化に他ならない．年金は改正するにしても，成熟するまで 30 年サイクルの長期スパンで考えなくてはならない制度であるから，急激な変更は難しい．緩やかな民営化への路線が模索されている．

雇用保険

　雇用保険は，日本ではとりわけ地味な存在であったが，最近の失業率の上昇で注目を集めている．保険料は引き上げられ，支給期間は短縮され，もともと控えめな制度であったが，さらに後退の傾向がある．このようななか，民間保険会社は休業補償保険制度を売り出してきた．失業率がますます高くなり，不安も募る現在，雇用保険のニーズも増えている．

　雇用保険を支える行政はハローワークである．日本が職業紹介を行えるのは，一部の例外職種を除いて厚生労働省のみである．この職業紹介組織は，世界的には規制緩和の影響をうけて，やはり，民営化の動きが急である．たとえば，オーストラリアでは，職業紹介機関を完全民営化してしまった．欧州では，フランスのように頑なに公的独占を堅持している国もあるが，多くの国々では次第に民営化が進行している．

　日本でも職業紹介事業の民営化が業界のなかでも待望されてきた．日本のハローワークも役割が特化しつつある．技術者や特定専門職などの職域では，既にハローワークを経なくても就職は容易に成立しうる．若い人の間では求人誌のレベルで容易に就職が結実してしまう．ハローワークの利用者の多くは，高齢者，障害者，非熟練者などの一般に就職が困難と思われる層となっている．

　近い将来には，日本でも民営化が進み，職業紹介事業を行う民間ブローカーが登場することであろう．職業紹介サービスが有料化され，就職が実現した場合には，手数料が請求されることになろう．これにより，新しい問題も出てくると予想される．たとえば，就職の困難な層はビジネス対象から除外されやすくなること，悪徳ブローカーが登場するのではないかなど，いろいろ考えられる．もちろん，サービスが向上するとか，経済効果があるなどの利点も予想できよう．職業紹介サービスの民営化は人的資源をより広く社会的に活用するという意味では，時代のニーズに応じた動向といえよう．

労災補償

　労災にも民間保険がアプローチをはかっている．企業によっては，労災とは別に事業所を対象として損害保険に加入しており，何らかの災害の発生時には損害補償給付を保険会社から企業がうけ，被害者である従業員に労災の補償とは別に企業からの補償として提供する場合もある．つまり，社会保障の労災の上乗せ部分に相当する．職場の災害は，企業にとっても多大な損失を意味する．その補償を追求するのは当然のことであり，社会保障では不十分であれば，民間の保険に加入して自己防衛するしかない．

　外国に目を転じると，興味深い事例が少なくない．北欧諸国では，労災が比較的重要視されていないように思われる．スウェーデンでも，民間保険制度も労災として活用されている．北欧の場合は，労災の認定以前に，一般的な保障が手厚く基本保障が高いため，労災の必要性が比較的小さいといえよう．

　オランダは，前述のように労災制度を1970年代に廃止してしまった．最近は，ニュージーランドも労災を廃止した．その結果，両国では民間の損害保険のニーズが高まっている．廃止の理由は，労災補償は労働者だけを特別に保護する制度であり，労働者以外の一般市民にとっては差別的な制度を意味する．一部のカテゴリーの人だけに貢献する制度は，社会保障制度として適切ではないからとのことである．

介護保険

　今後，社会保障の民営化をもっとも推し進めていくのは，介護保険であろう．介護という福祉サービスは，これまで日本では措置制度の一環として，行政によって決定され提供される公的性質の強いものであった．しかし現在では，介護保険は利用者側で介護サービスの提供者を選択できるようになった．これによって，公的機関だけでなく，民間企業や公益法人など各種団体が介護サービスを提供できることになった．

　サービスに関して，公的機関と民間機関の競争があれば，民間の方が強く出るのが一般的である．介護保険導入以前から各自治体は独自のホームヘルプ事業を行ってきたが，民間の方がサービスが良く，親切で丁寧で評判が良くなることが多い．公的な機関はますます競争上，遅れをとるであろうという見方が強い．民営化による経済効果もエコノミストが強調する側面である．しかし，他方で介護保険の画一的な保険事業が展開されることで，かつてのようなゆったりした臨機応変なサービスが提供できなくなったともいわれる．

　ホームヘルプだけでなく，介護保険の導入は高齢者福祉の周辺領域に大きな影響を及ぼしつつある．たとえば，不十分な介護サービスを補うために各種民間サービスが展開されつつある．家庭内清掃サービスを行う企業，食事の配給サービスを行う企業，介護者対象のタクシーサービス等々である．外出同伴のサービス，高齢者対象とした旅行企画も多い．

　最近は高齢者福祉施設とは異なり，まだ元気な高齢者を対象とした高級感のある高齢者向けケア付きマンションなども売れ行きが伸びている．高齢者は，これまで貧しい人と思われてきた．しかし，実際にはお金持ちもたくさんいる．お金があって，時間もある優雅な人びとも多い．今後は，多様な福祉ビジネスが展開されていくことは間違いない．社会福祉の民営化は，こんなところからも始まっている．

公共サービスの民営化

　社会保障や社会福祉に限らず，各種公共サービスが民営化されつつある．身近な事例でいえば，保育園がかつて市町村が運営してきた施設が民間保育園に変わったところも多い．公設民営化で施設は自治体の所有のままで，運営を民間に委託する事例もみかけられる．

　かつての公民館，今の地区センターなどの公共施設も同様に民営化されつつある．受益者負担の原則に従い，かつては無料のサービスであったところが，一部有料化する場合も見受けられる．自治体にとっては経費削減の意味もある．民営化によって，かつてのお役所的な雰囲気から明るく親切な雰囲気に変わったとの意見もある．社会福祉に限らず，公共支出の削減が重要な課題であり，民営化が可能で，その利点もある場合は，反対する理由は小さくならざるをえない．

3．社会保障の民営化の課題

　おそらく，日本も含め今後も社会保障や社会福祉の領域では，財政運営が厳しい状況が続き，民営化の流れは続くものと予想される．そこで問題となるのは，民営化は経済的に余裕のある層が恩恵にあずかりやすく，経済的に貧しい層では民営化を利用しにくいことであろう．

　高齢者施設を例にとれば，高所得者は優良な民間のケア付き高齢者住宅を自己負担で購入できるが，貧しい高齢者は負担できなければ民間施設は利用できない．現存の公的高齢者福祉施設が民営化されれば，低料金で利用できた低所得の高齢者は行き場を失うことになりかねない．民営化に対応できる人とできない人が出てくる．

　先ほどのハローワークの民営化においても，若くて有能な労働者であれば，民間職業紹介所はビジネスターゲットになるが，高齢者や障害者などの一般に就職の困難な層は手数料の稼ぎにくい層として敬遠されることも考えられる．

つまり，社会保障の民営化は福祉対象者を選別するようになるだろう．やはり，普遍主義を目指すべき社会保障にあって真逆の方向である．

　社会保障の民営化を進めざるをえないとしたら，こうした問題が必然的に出てくるものと見込んで，その対応も準備しておくべきであろう．つまり，民営化に乗り切れない層の救済である．ハローワークの事例を続けるならば，ハローワークは民営化しつつ，別途小規模の福祉対象者に特化した職業紹介組織を立ち上げるのもひとつの対策となろう．

　民営化に自己責任で対応できる人は自由に任せ，民営化では効果が認められない少数派の層を対象として限定的な福祉を改めて運営するという方向である．民営化は福祉対象者の間でも新たな利害対立を生み出す可能性がある．貧困層や高齢者，障害者などの社会的弱者にとっては，社会保障の民営化は恩恵が少なく，逆に利益（既得権）の喪失の可能性が高い．こうした社会保障の民営化によってもたらされるマイナスの可能性を回避できる方向が求められる．

第29回 社会保障の国際化

　繰り返しになるが，社会保障や社会福祉は，本来，非常に国内的な性格の強い領域である．グローバル化が叫ばれるなかで，教育と並んでもっとも国際化が遅れている領域であるといわれてきた．社会問題は国によってその中身がかなり異なる．失業問題ひとつとっても深刻度は国によって違うし，その原因や対策も，国民の価値観や理解までも国によって自ずと異なるのである．そんな社会保障の領域においても，国際化の波は押し寄せている．

1．人の国際移動

外国人労働者の台頭

　外国人労働者は，日本でももはや珍しい存在ではなくなった．先進諸国では，外国人労働者がいなくなったら経済基盤が成り立たなくなるところまできている．欧米先進諸国では，戦後の高度経済成長期においては，国内の労働者では不足していたために，外国人労働者が積極的に受け入れられた．戦後の高度経済成長を支えたのが外国人であったともいわれる．

　不況期でも，もはや外国人でしか従事しないような職業がたくさんあるといわれる．日本でも，厳しい，危険，汚い，といった３Ｋの典型的な仕事は募集

を繰り返しても国内では人が集まらない．建設業や一部の製造業などがその典型とされる．こうした職業に外国人が就く可能性が高い．

　他方，開発途上国にも労働者を海外に送り出す背景があった．国内に十分な産業がなく，せっかく何らかの技能を身につけてもそれを活かす職場がない．それ以前に，国内に蔓延する貧困問題がある．先進国にやってくる外国人労働者は，出身本国では実はかなりのインテリ層や技能労働者である場合が多いといわれている．農村の貧民がいきなり海外に行こうとは思わないであろう．最初は農村から都市部に出て，ある程度教育をうけた技能労働者が職場を求めて先進国に出て行くことが典型的なパターンのようである．

日系企業の世界進出

　逆に，日本から海外に進出しているのはもはや大企業だけでなく，中小企業にまで及んでいる．「産業の空洞化」が叫ばれ，日本から工場がなくなり海外進出に路線が切り替えられた．その理由は，開発途上国における低賃金や低い法人税などによる経費節減にあった．さらに，先進国間の貿易摩擦が問題視されると，貿易黒字を回避するため，商品の流れを迂回させるための拠点を海外に築くためでもあった．つまり，日本製品の海外製造であり，この政策により対日経済制裁を回避し，対日貿易不均衡を形式上是正することができた．

　かつては商社マンや特定産業の一部企業くらいであった海外駐在も今ではほとんどの産業で，企業規模にかかわらず日系企業が海外展開している．その結果，日本人労働者も世界を駆け巡る時代となった．日本に限らず，現代企業は世界を相手に多国籍化してきた．このような人の国際的な移動が活発な社会においては，各国の社会保障制度間の調整が必要となってくる．

属地主義

　このように世界はますます交流を深め，国際化してきているのにもかかわらず，社会保障の領域は依然として非常に国内的である．もともと国内の諸問題

を解決するための手段として，社会保障は誕生した．その運営は国内で完結していた．社会保障は国民を適用対象とし，国内での施行に限定されてきた．

　たとえば，各種職業資格は各国政府が認定しているので国内でしか通用しない．医療に関しても，国内の医療機関で日本の国家資格をもつ医師の治療のみが，日本の健康保険でカバーされる．こうした閉鎖的で国内的な性格を社会保障制度はもっている．社会保障は各国政府の自治のもとにあり，各国の領土を離れるとたちどころに権利を侵害される可能性がある．島国であれば，行政上の区別は容易であるが，陸続きの隣国間となれば，不都合な事態も多くなる．

自由移動の障害

　社会保障制度は，各国によって異なり，属地主義に基づいて運営されているため，国境を渡って労働するような移民は，各国の社会保障制度の狭間にあって不利益を被ることが少なくない．たとえば，いろいろな国々で働いてきた労働者が，結局，加入期間が短いからという理由ですべての国の年金をうけられなくなることもありえよう．

　こうした社会保障制度の国内的な閉鎖性があると，逆に，労働者の移動にとっては大きな障壁となる．つまり，年金がもらえなくなったら困るので，隣国への移住はやめようということになってしまう．逆に，必要な人材を世界から集めるためには，労働者が社会保障においても何ら不利益を被らないことが必要となる．

医療・福祉従事者の国際移動

　既に EPA とサービス貿易の自由化については論じたが，その結果として日本でも，看護師や介護福祉士の外国人の受け入れが始まっている．対象国はまだインドネシアとフィリピン，ベトナムなどではあるが，今後は他の国々とも同様の EPA が次第に締結されていくであろう．この流れは国際的な潮流であり，もはや逆戻りはできないであろう．労働者の自由移動が保障されている

EUをはじめ，世界的にも看護師や介護福祉士に限らず，専門職労働者の国際移動はますます顕著になっている．IT技術者も日本は多数受け入れている．

　これまで外国人といえば主として受益者として扱ってきたが，今後は医療や福祉の供給者としての外国人を検討しなければならない．国内の専門職の人手不足にも効果がある．内外人平等待遇が社会保障に限らず，職場や学校などいろいろなところで進められなければならない．

２．社会保障の国際的調整

　このような国際化に対応するために，社会保障においても何らかの措置を講じなければならない．一般的には，法的な措置を講じることになる．国内に限らず，国家間の社会保障に関する取り決めについては，国際社会保障法という領域がある．まず，３つのレベルに分けられよう．

国内法の拡張適用

　社会保障は非常に国内的であり，国際関係に対して非常に対応が遅れていることに言及した．だが，各国の国内法が外国人に関して平等待遇を規定し，また，諸外国に出ていった在外国民に対して，同国の社会保障を拡張して平等に適用させる法律が整っていれば，国際的な取り決めはもともと必要なく，問題も生じないはずである．実際には，多くの国々で国内法の拡張適用が十分にできていないため，また外国人への不平等待遇があり，多くの問題が残されている．

　国によっては，非常に寛容に国際化に対応している国もある．国籍条項もなく，居住要件だけで外国人にも平等に社会保障が適用される国々も多い．また，外国に居住する同国民に対しても，社会保障給付の送金や在外公館施設を活用しての行政サービスまで行っている国もある．国内法としての社会保障法の一部に，国際社会保障法としてこの種の各種規定を網羅している国もある．特に，

欧州では長年の人の国際移動の経験を反映して，各国内法が国際化に対応して整備されてきた．

二国間協定

　欧州はもともと古い時代から民族移動がよく行われてきた地域である．複雑な民族構造と多数の国が陸続きで結びついている．特定の隣国間で往来が活発な国同士では，お互いに社会保障制度について二国間協定を結んで，両国の社会保障制度の調整を行ってきた．これにより，二国間を移動する労働者やその家族にとっては，社会保障においては障害が取り除かれ，不利益を被ることなく，比較的自由に国境を越えて移動することが可能となった．

　欧州に典型的であるが，二国間協定を近隣諸国間で多数締結していくと，ある時点でほぼ同じような内容の協定が複数国間，多国間で成立してしまうことがある．そこで，二国間協定の発展段階として多国間協定も存在する．EU の社会保障政策もこうした動きが結実していったものと解釈できよう．

　日本は，1998 年の日独社会保障協定をはじめ，英，韓，米，仏，ベルギーなど 20 ヵ国以上との間で年金制度を中心に二国間協定を締結した．現在も他の国々と同様の協定の交渉が進行している．先進諸国との社会保障協定は，社会保障の二重適用を回避するために，当該国に進出している協定国の労働者への強制適用を免除するものが中心である．

国際機関の政策

　社会保障の国際問題に関してもっとも実効力のある解決策は，やはり，国際機関の活動であろう．社会保障政策は当然ながら各国政府の自治下にあり，国内法に従って運営されている．特定の国々では，国内法の対応や二国間協定の対応で問題が解決してしまう場合もあるが，あくまで一部の限られた事例に過ぎない．やはり，第三者としての国際機関が当該関係国の間に介在して，整理，調整していくことがもっとも有効な対策となろう．特に，国際基準を示し，国

際条約を締結していくことが効果的な手段である.

　社会保障の国際的な調整を行える国際機関としては，国際連合，ILO，EU，欧州評議会などがあげられよう．これらの組織は，目的や使命，組織形態など，すべて異なり，社会保障施策の特徴も異なる．世界中の国々を対象に社会保障全般に関して政策を展開しているのは，ILO だけであり，EU と欧州評議会は欧州の特定加盟国のみに適用されるものである.

国際連合

　1945 年設立の国際連合は，人権委員会を組織し，人権及び基本的自由を尊重する活動を展開してきた．1948 年に世界人権宣言を採択し，すべての人の平等と社会保障の権利を強調した．1966 年には国際人権規約が採択され，締約国は社会保障をすべての人の権利として認め，国際的な協力を約束することが規定された.

　その後も 1951 年の難民条約，1979 年の女性差別撤廃条約，1989 年の児童権利条約，2006 年の障害者権利条約をはじめ，分野ごとに広範な活動を展開してきた．国連には分野ごとに専門機関があり，当該分野に関して世界的な規模で活動を行っている．だが，その活動は予算や組織，人材等の面で限界がある．各国政府や NGO，NPO 諸団体との連携した活動が求められている.

ILO（国際労働機関）

　ILO は 1919 年設立の伝統ある組織であり，国連の専門機関として，世界各国に労働条件や労働者保護を普及・拡大することを目標として活動している．これまでに労働法や社会保障法に関する国際条約を採択してきた．社会保障の制度ごとに最低基準を「条約」定め，それ以上の給付条件については「勧告」を発する．現在，社会保障関係の「条約」が 189 採択されている.

　特に，ILO102 号条約で 9 つの社会保障制度について最低基準を設定し，各国に批准をよびかけている．条約の性質上，各国が批准するか否かは自由であ

るが，批准すればこの条約に拘束されることになる．

　長年，ILO は世界に社会保障を普及させることを目的にしてきたが，実際にはなかなか進展していない．欧州の先進諸国は，既に充実した社会保障を有しているが，アジアやアフリカ，南アメリカなどでは一向に関連条約が批准されておらず，普及が進展していない．102 号条約に関しても，批准国は 40 ヵ国ほどであり，制度によっては 30 ヵ国程度しか批准していない．

　多くの開発途上国では貧困の問題が深刻であり，たとえば，一握りの大富豪と大多数の貧困農民で成り立つような国々では，全国民を対象とするような社会保障は成立しにくい．ILO は政策の転換期にさしかかり，途上国での貧困問題に貢献できるような活動をより重視して新たな政策を模索している．

EU（欧州連合）

　世界でもっとも進んだ福祉国家の集まりである EU は，社会保障の国際的調整ではもっとも進んだ実績がある．1957 年のローマ条約によって設立され EEC からスタートし，現在では 27 加盟国で運営されている．EU の強みは，EU 法が各国の法律より優先される構造と，独自の司法機関である欧州裁判所（ルクセンブルク）を有していることである．労働者は加盟国域内では自由移動が保障されており，その際，労働者の社会保障の権利も侵害されないように特別な「規則」を制定している．

　社会保障に関する「規則」では，労働者の社会保障の権利がいかなる場合でも保持されること，資格認定に際しては合算措置を認めること，必要があれば送金すること，重複適用の場合はひとつの法律のみ適用されること（雇用国主義），外国人と国民との間の平等（内外人平等待遇）などについて基本原則を定めている．この「規則」によって，国境を越えて移動する労働者が社会保障の権利を保護されるようになった．

欧州評議会

EU と同様に欧州の統合を目的として 1949 年のロンドン条約によって成立した欧州評議会も，欧州 46 加盟国の社会保障に影響力をもっている．各国政府の自治を最大限に容認した上での加盟国間の協調を模索するのが欧州評議会の特徴である．EU に先行して，欧州評議会も加盟国の社会保障制度間での調整を試みてきた．

加盟国の多い欧州評議会にあっては，すべての加盟国の合意によって法律が成立する EU とは異なり，部分合意の形で一部の加盟国間で条約を締結し，時間をかけて参加する加盟国を増やしていく方法がとられた．したがって，時間をかけてゆっくりではあるが，加盟国間の協調関係を構築してきた．

社会保障関係協定においても，EU では成立しにくい緩やかな統合が進行している．EU が社会保険制度の「整合化」に集中したのに対して，欧州評議会は公的扶助や医療扶助分野でも加盟国間の連携を条文化している．

第30回 社会保障の空洞化

社会保障は，すべての国民への強制加入を原則としている．その前提として，社会保障に対して国民が絶対的な信頼を寄せていることが必要である．国民は所得のうち相当大きな負担を社会保障に割いている．それなりの信頼がなければ，社会保障を維持していくことはできないであろう．国民が社会保障制度に関して理解して，その趣旨に賛同することで，この制度はうまく運営されていくものである．

ところが，最近の状況をみる限り，この前提が大きく揺らいでいる．国民皆保険，皆年金は既に達成されたはずであったが，現実には崩れつつある．社会保険への未納，未加入者，無保険者が，若者に限らず多数存在している．その結果，無年金者や無保険者が出現してきている．社会保障の空洞化は，社会保障の根幹を揺るがす重大な問題である．

1．世代間の対立

年金の世代間対立

年金を賦課方式で運営した場合，人口構成によって世代間の利害が異なってしまう．その時々の経済情勢，人口動態，年金の成熟度などの要因によって，

252

世代間の利益が微妙に違ってくる．それによって，異なる世代間の軋轢が次第に大きくなってくると，たとえば，賦課方式の変更とか，年金制度の抜本的な改革も議論されることになる．

　戦後，年金制度が導入されて，まだ，年金が十分成熟していない時期に年金受給を開始した世代は，移行期の特別な措置として，絶対額では低いが自分たちが負担した以上に年金を受給してきた．あまりにも少額の年金では老後保障にならないため，経過措置として若干配慮された年金となったといえよう．その次にくる世代は，日本の経済を支えてきた世代であるが，長年年金へも大きな貢献をしてきた．ところが，自分たちが年金をうける時期には少子高齢化の影響で年金は実質的に削減されて十分な受益に与れないことになる．

　世界的な傾向であるようだが，戦後のベビーブーム当時に出生した世代が存在している．この年代層は，その前後の周辺年代層に比べて人口が突出している．この世代が年金支給開始年齢に達する頃に，人口高齢化が本格化した．したがって，年金原資が多く必要な時である．ところが，この時期に年金を支える現役労働者は少子化の影響でかなり少なくなっており，負担しきれないと不満を漏らしている．

　こうなると若年者世代からは，年金財政の賦課方式への反対が強まっていく．さらに，年金制度崩壊の危機がますます叫ばれるようになると，公的年金制度自体への不満もあらわれ，年金の民営化の主張が説得力をもつようになる．私的な年金はすべて積み立て方式となる．信頼を失った年金制度へ，依然として強制適用と拠出の強制を続けることは困難になる．その結果，未納者数が増えていく．

医療や介護の世代間対立

　医療や介護をめぐっても世代間の軋轢がクローズアップされている．年金とほぼ同様の議論が医療保険においても成り立っている．医療保険の赤字の主な理由は，高齢者医療保障にある．現役労働者の加入する医療保険が，高齢者の

医療費を支える構造になっている．高齢者の負担能力は低く，逆に支出はいちじるしく高い．高齢者たちが独自の医療費を負担することは不可能である．

　日本においても後期高齢者医療制度が始められた．どのような制度にしろ，高齢者にかかる医療費を社会全体で負担していくことに変わりはない．税金や保険料を通じて若い世代から高齢者世代への所得の移転となる．

　介護保険でも，サービスを提供されるのは主に 65 歳以上の高齢者であり，その負担は現在 40 歳以上の被保険者の保険料と国民全体からの税金による．また，保険料負担の 40 歳という年齢は近い将来引き下げられる可能性もある．

　保険料負担だけではなく，国庫からの補助も含めて全国民の総力で高齢者医療費を支えようとしている．だが，平均寿命の伸長だけではなく，医療技術の進展などにより，高齢者医療費はますます増え続けている．若者世代にますます重い負担を強制していくのは，今後難しくなっていくだろう．

2．加入拒否の増加

国民年金の未加入

　国民年金は国民すべてが強制的に加入しなければならない制度である．ところが，2021 年度の統計によると，国民年金の最終納付率は 77.95 ％であった．年齢別では，20〜24 歳層では 77.91 ％，25〜29 歳層で 68.98 ％，その後年齢とともに上昇するが，最後の 55〜59 歳層でも 84.44 ％であった．保険料の免除や猶予措置の拡充などにより，表面的には納付率は少しずつ上昇しているが，保険料を市町村が独自に徴収することの限界が露呈されているようにも思われる．

　フリーターのような就業形態の台頭，リストラなどによる失業者の増大などは，国民年金への加入をますます難しくしている．職域の社会保険に加入している場合，保険料は給与から自動的に徴収される．企業を退職する場合には，職域年金の資格を喪失することになるが，国民年金へは引き続き加入義務があ

254

り，本来ならば自治体に行って届け出なければならない．ところが，実際には
なかなかこの届出をしないため無適用となる．失業や転職，そして離婚など，
社会的地位が変更されるとき，社会保障における取り扱いも変更になることが
多い．未納・未加入問題は，個人の怠慢だけではなく，制度的な不備も認めら
れる．働いていても収入が少ないワーキングプアも納付が困難な理由である．

国民健康保険の場合

　国民年金ばかりではない．医療保険においても，会社で健康保険に加入して
いる人以外は国民健康保険に加入義務がある．失業でなくても，退職した人の
場合でも，会社の健康保険から国民健康保険に移し替えが必要になる．主婦で
あった女性が離婚した場合も，同様の手続きが必要になる．ここで手続きを怠
ると，無保険者となってしまう．医療保険においても，加入率は最近さらに減
少傾向にあり，強制適用の意味が改めて問われている．

　40歳以上であれば，医療保険の保険料と併せて介護保険料が徴収される．
国民健康保険未納者は，介護保険の保険料も未納となる場合が考えられる．実
際に，未納者が顕著になってきている．2019年度国民健康保険加入対象者で
2022年3月末現在の納付率は，77.3％であった．国民年金の納付率とほぼ同
じ水準であった．

　若い非正規社員は給与水準も低く，不安定な場合が多い．会社の年金や健康
保険に加入できないために，国民年金，国民健康保険に加入することになるが，
2〜3万円を超える毎月の保険料は彼らにとっては大きな負担となる．若者の
貧困問題が未納問題の背景にある．

強制加入への抵抗

　経済的な事情によって加入を拒否する場合に限らず，最近はより積極的な拒
否も出てきている．公的な年金には頼らないとする価値観も出始めた．政府の
政策に従っているだけでは，自分たちの利害を守れないとして，自ら政府の公

共政策を受け入れないとする立場である.

　これは年金だけの話ではない. 雇用保険においても, 半年くらいの所得保障なら貯蓄で十分である. それも失業のリスクのきわめて少ない大企業で終身雇用を原則とするような企業において, すべての従業員に保険料を強制徴収していくのは納得がいかないとの意見もある. 北欧諸国では, 失業保険は任意加入となっている国もある. 社会保障の後退が続き, 将来の予想も困難な現在, 社会保障体系の基本構造が動揺してきている.

負担増への嫌悪

　こうした加入拒否や社会保障への不信の背景には, 恒常的な社会保障負担の増大があった. これまでと同じ条件を維持するだけでも, より多額の負担をしなければならないという状況にある. 実際には, これまでの条件よりも低い条件になるのにもかかわらず, これまで以上の負担をしなければならないという苦境に陥っている.

　日本では保険主義が広く支持されている. 介護保険制度の導入がその良い事例でもある. 国民は税金の負担を好まない. 保険料方式を選ぶ. 保険料方式には, 損得勘定がみえ隠れしている. これだけのメリットがあるから, これぐらいの負担は認められるといった具合である. ところが, 今の状況では負担に見合うような将来が約束されない状況にある. ある意味では, 保険主義の限界が露呈されているとも考えられよう.

3. 空洞化対策

納付率の向上対策

　社会保障の空洞化のもとで, 各保険者は納付率の改善に苦慮している. 保険者となる自治体では, 納付率を上げるために外部に業者委託して, 納付率向上の業務に莫大な財源を捻出している. 未納者に対しての督促状の送付, 訪問し

ての納付督促，電話による督促などの業務を業者に依頼している．その効果は
ある程度認められるものの限界もある．もうこれ以上，この種の外部委託事業
に費用を費やしても，納付率を上げて保険料収入を引き上げるのは難しいし，
意味も薄れているように思われる．

　適用対象者から自動的に保険料を徴収できる方法を検討するべきであろう．
日本は社会保険の資格要件をめぐる手続きがかなり複雑である．所得，労働時
間，企業規模，雇用期間等，適用条件が厳しい．多くの欧州諸国のように，簡
潔に労働時間のみでも良いのではないか．今後厚生年金の資格要件の緩和が見
込まれ，厚生年金の適用者が急増することになろう．厚生年金の加入は，同時
に国民年金の加入と連動しており，納付率が向上する．

若い世代に貢献する社会保障

　現在の日本の社会保障はほとんど高齢者向けの制度に集中している傾向があ
る．年金だけでなく，医療も介護も雇用保険，傷害給付なども受給者の大部分
を高齢者が構成している．若い世代の人びとが社会保障の受給者として恩恵に
与れる機会は少ない．若い世代がうけるような社会保障がないわけではない．
医療保障を例にとれば，乳児から高齢者まで受益者になりえる．数ある社会保
障制度の中で，比較的若い世代が恩恵を受けられるような制度が軽視されてき
たことが，日本の問題であろう．

　欧州諸国では，家族給付，育児給付，教育給付など，若い世代から受給でき
る制度がいろいろ準備されている．若い世代が負担するだけでなく，受益を実
感できるような社会保障制度の展開を少子化社会では目指すべきであろう．

税方式の提案

　最後に提案されるのは，社会保障の財源を保険料方式から税方式に変えてい
くことである．北欧諸国のように，社会保障財源に占める税負担の割合を増や
すことである．加入・申請などを個人の責任に任せ，徴収も個人任せにするや

り方には限界がある．雇用のあるところからすべて財源を徴収できるような税方式であれば，就業形態の多様化にもかかわらず，自動的にほぼ100％の納付率が達成できる．消費税方式はさらに確実な財源となる．無保険者や無年金者もほとんどいなくなると予想される．

　北欧諸国は，基本的には税方式を重視している．定率あるいは定額の保険料方式では，高額所得者の負担が比較的低く抑えられる．累進性を加味した税制であれば，より富める者が多く負担し，より貧しい者は少なく負担することになり，所得再分配機能が強くなる．社会保障の本来の姿に近づくことになる．

　個人が損得勘定することを許すような保険主義を排除し，社会的な連帯を強く打ち出すためには税制のさらなる活用が不可欠と考える．負担は能力に応じて負担してもらい，給付は必要に応じて分配されるような姿が本来の社会保障であろう．

参 考 文 献

最新の資料

［1］ 厚生労働省編『厚生労働白書』ぎょうせい，各年
［2］ 厚生労働統計協会編『保険と年金の動向』厚生労働統計協会，各年
［3］ 厚生労働統計協会編『国民の介護と福祉の動向』厚生労働統計協会，各年
［4］ 国立社会保障・人口問題研究所編『社会保障統計年報』法研
［5］ 社会保障入門編集委員会編『社会保障入門』中央法規出版，各年

テキスト

［1］ 佐口卓・土田武史『社会保障概説　第5版』光生館，2006年
［2］ 堀勝洋編『社会保障読本　第3版』東洋経済新報社，2004年
［3］ 岡伸一『国際社会保障論』学文社，2005年
［4］ 日本ソーシャルワーク教育学校連盟編『最新社会福祉士養成講座7　社会保障』中央法規出版，2021年
［5］ 小塩隆士『社会保障の経済学　第4版』日本評論社，2013年

資　　料

表1. 主要国の人口統計　2020年

	平均寿命	合計特殊出生率
日本	84.06	1.34
韓国	83.43	0.84
スウェーデン	82.41	1.66
イタリア	82.34	1.24
フランス	82.18	1.83
ドイツ	80.94	1.53
イギリス	80.90	1.56
アメリカ	77.28	1.54
中国	77.10	1.7

（資料）World Bank Open Data, 2020. より抽出

表2. 外国人人口比率（2019年現在）

	外国人人口比率（％）
ルクセンブルク	47.3
ドイツ	13.1
スウェーデン	9.3
イギリス	9.0
イタリア	8.3
フランス	7.3
アメリカ	6.9
韓国	2.4
日本	2.2

（資料）OECD, "International Immigration Database", 2021. より抽出

表3. 国民負担率　2018年（対国民所得比％）

	税負担	社会保障負担	国民負担率	財政赤字	潜在的国民負担率
日本	26.1	18.2	44.3	4.4	48.7
アメリカ	23.4	8.4	31.8	8.3	40.1
イギリス	37.0	10.8	47.8	3.1	51.0
ドイツ	32.1	22.6	54.9	0	54.9
スウェーデン	53.5	5.3	58.8	0	58.8
フランス	42.7	25.6	68.3	3.3	71.5

（資料）財務省HP, 2022年8月閲覧より引用

表4．分野別公的社会支出（対 GDP 比）2017年（%）

	日本	アメリカ	イギリス	ドイツ	フランス	スウェーデン
老齢給付	10.1	6.5	5.9	8.4	12.5	9.1
遺族	1.2	0.6	0	1.8	1.6	0.3
障害・業務災害・傷病	1.1	1.1	1.9	2.3	1.7	3.8
保健	7.6	8.4	7.7	8.2	8.8	6.5
家族	1.6	0.6	3.2	2.3	2.9	3.4
積極的労働市場政策	0.1	0.1	0.2	0.7	0.9	1.2
失業	0.2	0.2	0.1	0.9	1.6	0.3
住宅	0.1	0.3	1.3	0.6	0.8	0.4
その他社会政策分野	0.4	0.7	0.1	0.3	0.9	1.1
合計	22.3	18.4	20.5	25.4	31.5	26.0

（資料）OECD, Database, "Social Expenditure" 2021 より引用

表5．日本の政策分野別社会支出（OECD 基準）2020年度

	支出額（億円）	構成比（%）
高齢	481,975	35.8
遺族	64,199	4.7
障害・業務災害・傷病	66,020	4.8
保健	559,026	41.0
家族	107,536	7.9
積極的労働市場政策	40,202	2.9
失業	12,717	0.9
住宅	6,048	0.4
他の政策支出	19,878	1.5

（資料）国立社会保障・人口問題研究所『社会保障費用統計』2020 年より抽出

表6．社会保障給付費の部門別推移（%）

	合計	医療	年金	福祉その他
1970年	100.0	58.9	24.3	16.8
1980年	100.0	43.2	41.4	15.4
1990年	100.0	39.3	50.1	10.6
2000年	100.0	33.9	51.7	14.4
2010年	100.0	31.9	49.6	18.5
2020年	100.0	32.3	42.1	25.6

（資料）国立社会保障・人口問題研究所『社会保障費用統計』2020 年より抽出

表7．社会保障財源の項目別推移（%）

	合計	社会保険料	被保険者	事業主	公費負担	国庫	他の公費	資産収入	その他
1970年	100.0	59.6	28.5	31.2	30.0	26.4	3.6	8.8	1.6
1980年	100.0	55.5	26.5	29.0	33.0	29.3	3.7	9.7	1.8
1990年	100.0	60.5	28.3	32.2	24.8	20.7	4.1	12.8	1.9
2000年	100.0	61.7	29.9	31.8	28.2	22.2	6.0	7.3	2.8
2010年	100.0	53.3	27.7	25.7	37.2	26.9	10.3	0.8	8.7
2020年	100.0	39.8	20.9	18.9	31.9	22.2	9.7	23.8	4.5

（資料）国立社会保障・人口問題研究所『社会保障費用統計』2020 年より抽出

表8．医療保険の適用人口（2022年度末：1000人）

	被保険者	被扶養者	計	構成比（%）
総人口			125,417	100.0
協会けんぽ	24,877	15,419	40,296	32.1
組合健保	16,419	12,262	28,681	22.9
船員保険	58	58	116	0.1
共済組合	4,562	3,980	8,542	6.8
国保	28,904		28,904	23.0
後期高齢者医療	18,060		18,060	14.4
生活保護法適用者			2,053	1.6

（資料）全国健康保険協会『事業年報』2021 年

表９．協会健保の事業所数と被保険者数の推移

	事業所数		被保険者数		1事業所の被保険者数
	実数	増加率（％）	実数	増加率（％）	
2016年	1,994,022	7.3	22,428,161	3.9	11.24
2017年	2,113,359	5.2	23,203,471	3.5	10.98
2018年	2,224,070	5.2	23,757,186	2.4	10.68
2019年	2,324,510	4.5	24,793,285	4.4	10.67
2020年	2,398,948	3.2	24,877,229	0.3	10.37

（資料）全国健康保険協会『事業年報』各年度

表10．失業率の国際比較　2020年

	失業率（％）
日本	2.80
ドイツ	3.81
韓国	3.93
イギリス	4.47
オーストラリア	6.46
フランス	8.01
アメリカ	8.05
スウェーデン	8.29
イタリア	9.16

（資料）ILO Stat, 2020 より抽出

● 索　引 ●

270

著　者

岡　伸一（おか　しんいち）

現　在　明治学院大学社会学部社会福祉学科教授
専　門　社会保障論

1957年　埼玉県生まれ
1980年　立教大学経済学部卒業
1983年　早稲田大学大学院商学研究科博士前期課程修了
1986年　ルーヴァン・カトリック大学 Ph. D（法学博士）取得
1988年　早稲田大学大学院商学研究科博士後期課程単位取得退学
1988年　大分大学経済学部助教授
1996年　同大学教授，早稲田大学商学博士号取得
1997年　東洋英和女学院大学人間科学部人間福祉学科教授
2002年　明治学院大学社会学部社会福祉学科教授
　　　　現在に至る

主な著書　『欧州統合と社会保障』ミネルヴァ書房，1999年
　　　　　『失業保障制度の国際比較』学文社，2004年
　　　　　『国際社会保障論』学文社，2005年
　　　　　『損得で考える20歳からの年金』旬報社，2011年
　　　　　『グローバル化時代の社会保障』創成社，2012年
　　　　　『欧州社会保障政策論』晃洋書房，2016年
　　　　　『それでも年金は得だ』旬報社，2018年

—— 社会保障論 ——
2023年3月1日　第一版第一刷発行

　　　　　　　　　　　著　者　岡　　　伸　一
　　　　　　　　　　　発行所　㈱学　文　社
　　　　　　　　　　　発行者　田　中　千津子
　　　　　　　東京都目黒区下目黒3-6-1　〒153-0064
　　　　　　　電話03(3715)1501　振替00130-9-98842

落丁・乱丁本は，本社でお取替え致します。印刷／株式会社亨有堂印刷所
定価はカバーに表示してあります。https://www.gakubunsha.com

　　　　　　　　ISBN978-4-7620-3237-0